Das letzte Wort behalten

Robert Allen

DAS LETZTE WORT BEHALTEN

Erfolgreich in jedem Streitgespräch

Aus dem Englischen übersetzt von
Ulrich Hoffmann

FALKEN
TaschenBuch

Im FALKEN TaschenBuch sind zahlreiche Titel zum Thema „Beruf und Karriere“ erschienen. Sie sind überall dort erhältlich, wo es Bücher gibt.

Sie finden uns auch im Internet: **www.falken.de**

Der Text dieses Buches entspricht
den Regeln der neuen deutschen Rechtschreibung.

Dieses Buch wurde auf chlorfrei
gebleichtem und säurefreiem Papier gedruckt.

Die englische Originalausgabe erschien bei Thorsons (a Division of HarperCollins Publishers Ltd.) unter dem Titel „How to Win Arguments“

Deutsche Erstausgabe
ISBN 3 635 60456 9

Umschlaggestaltung: Zembsch' Werkstatt, München
Gestaltung und Herstellung: Beate Müller-Behrens
Redaktion: Caroline Hartge, Garbsen/Falk Steins
Titelbild: Image Bank, München/Marc Grimberg
Satz: FALKEN Verlag, Niedernhausen/Ts.
Druck: Media-Print Informationstechnologie, Paderborn

817 2635 4453 6271

Inhaltsverzeichnis

Hitziger Schlagabtausch

Wie gut können Sie sich durchsetzen? Schaffen Sie es normalerweise, andere dazu zu überreden, zu tun, was Sie wollen – oder haben Sie öfter das Gefühl, dass diese anderen *Sie* überreden? Die Frage ist problematisch, das gebe ich zu. In der Theorie wird es nicht hoch angesehen „sich durchzusetzen“ und unsere Eltern und Lehrer haben stets versucht uns beizubringen nicht zu energisch zu drängeln. Trotzdem wird es immer gnadenlos zielstrebige Menschen geben, die sich nicht lange mit der Frage aufhalten, ob es in Ordnung ist oder nicht, andere herumzustoßen, um vom Leben das zu kriegen, was sie verlangen. Wenn wir nicht in vollständiger Abgeschiedenheit leben, kommen auch wir mit solchen Leuten in Berührung und müssen darauf vorbereitet sein, mit ihnen umzugehen, wenn wir nicht selbst herumgestoßen werden wollen. Wir könnten versuchen ein stilles Leben fern von Kämpfen und Streitereien zu führen, aber diejenigen unter uns, die noch Ziele und Wünsche verfolgen, können diese kaum verwirklichen, ohne dann und wann in den Ring zu steigen. Die Regeln des Spielplatzes, so unzivilisiert sie auch sein mögen, beherrschen unser Leben bis zum Ende.

Menschen leben, arbeiten und vergnügen sich in sozialen Gruppierungen wie Familien, Firmen, Institutionen und Nationen, die auch noch alle miteinander interagieren. Dennoch ist jeder von uns autonom: Wir verfügen über einen freien Willen. Und wie andere Tiere, auch sozial orientierte Tiere, konkurrieren wir miteinander. Und wie versucht das autonome Individuum das Verhalten der sozialen Gruppe zu beeinflussen? Durch ein Streitgespräch. Wir versuchen die anderen von unserer Sicht der Dinge zu überzeugen. Allerdings, und das wissen wir alle, ist dies eine ausgesprochen unzureichende Beschreibung für einen Vorgang, der in Wirklichkeit ungemein vielfältig ist. Denn die Natur des Menschen erzwingt es, dass wir dem Versuch, jemanden zu überzeugen, große Bedeutung beimessen und wenn wir scheitern, kann das alles bedeuten, von gelinder Frustration über Wut, Gewalt bis – in extremen Fällen – zum Krieg. Deshalb ist das Diskutieren und Streiten und wie wir uns dabei durchsetzen können für jeden von uns äußerst wichtig.

So unangenehm es auch sein mag: Die Wahrheit ist, dass wir alle andauernd diskutieren und streiten. Die meisten dieser Diskussionen sind nicht sonderlich problematisch und deswegen fällt uns kaum auf, was wir tun. Darüber hinaus sind wir von Kindesbeinen an darauf getrimmt worden, dass laute, öffentliche Meinungsverschiedenheiten unschön sind, sodass wir oft einfach versuchen so zu tun, als fänden sie nicht statt. Wir sagen Dinge wie: „Wir haben nicht gestritten, wir haben bloß diskutiert." Wenn wir Leuten begegnen, die sich unangemessen aggressiv verhalten (und wir sind darauf konditioniert, jeden Streit, mit dem wir nichts zu tun haben, als unangemessen zu betrachten), ist unsere Reaktion üblicherweise uns herauszuhalten. „Ich wollte mich nicht in den Streit hineinziehen lassen", sagen wir später zu unseren Freunden. Insofern ist Streit – wie der Tod – ein Thema, über das wir möglichst wenig nachdenken. Und das ist ein Jammer. Denn wenn der Sinn eines Streites darin besteht, jemanden zu überzeugen, dann sorgen wir dadurch dafür, dass wir schlechtere Überzeugungsarbeit leisten! Darüber hinaus ist ein Streit, wie wir später sehen werden, ein dem Menschen ganz eigener Weg, kraftvollen Gefühlen ein Sicherheitsventil zu verschaffen. Viele Tiere zeigen Drohgebärden, die einen Konflikt klären, ohne dass einem der Beteiligten Gefahr droht; Menschen, die über die mangelnde Kooperation anderer verärgert sind, können erst einmal eine ganze Reihe verbaler Manöver vollführen, bevor sie einander Wackersteine über die Schädel ziehen. In Gesellschaften, in denen dieses Sicherheitsventil gezielt vermieden wird, kann Gewalt unvorhersehbar und explosiv auftreten.

Schieben wir also unseren natürlichen Widerwillen beiseite und beschäftigen wir uns einmal genauer damit, wie wir streiten. Indem wir betrachten, was da vor sich geht, wird es uns vielleicht gelingen die entsprechenden Verhaltensweisen effektiver einzusetzen. Als Vorbild könnten wir den Selbstverteidigungsunterricht ansehen. Wenn man angegriffen wird, hat man höchstwahrscheinlich keine Zeit zum Nachdenken. Deshalb sollte man im Vorfeld Abwehrreaktionen üben, bis sie fließend und automatisch ablaufen. Dies ist eines der wichtigsten Prinzipien der Selbstverteidigung. Streit und menschliche Aggression sorgen oft dafür, dass die Wellen der Emotionen hochschlagen. Deshalb sollten wir üben, bevor ein entsprechendes Verhalten notwendig wird.

Streit ist keineswegs nur ein lautstarkes Gespräch, in dem alles erlaubt zu sein scheint. Streitigkeiten verlaufen ausgesprochen strukturiert und es gibt zahlreiche eindeutige Untergruppen, alle mit ihren eigenen Regeln und

Tricks. Einige Elemente kann man in jedem Streit wieder finden, darunter Gefühle, den Drang zur Wahrheit, den Status der Teilnehmer und die Eigeninteressen der Teilnehmer. Die Gewichtung dieser Elemente bei verschiedenen Streitgesprächen kann aber ein wichtiger Hinweis darauf sein, wie wir im jeweiligen Fall am besten reagieren sollten. Ein Großteil dieses Buches besteht aus Analysen von Streitgesprächen. So lässt sich im Vorfeld klären, wie zu reagieren ist. Wir müssen begreifen, dass ein Zank mit unserem Lebenspartner etwas vollkommen anderes ist als beispielsweise ein Gerichtsverfahren. Beides sind Streitigkeiten und sie werden regelgemäß ausgetragen, aber sie haben miteinander so viel gemein wie Golf und Minigolf (ähnliche Bälle, verschiedene Spiele).

Wir werden herausarbeiten, welche Tricks beim Streiten eingesetzt werden, und wir werden lernen, wie wir sie selbst erfolgreich nutzen können. Ein ganzer Abschnitt beschäftigt sich mit verschiedenen taktischen Vorgehensweisen, aggressiven und defensiven, die Ihnen helfen werden besser zu streiten. Sie basieren auf ausführlichen Beobachtungen Streitender und empfehlen sich aufgrund ihrer Wirksamkeit. Wir werden auch die „schmutzigen Tricks" untersuchen und klären, wie wir uns vor ihnen schützen können. Das bringt mich aber noch auf einen anderen wichtigen Punkt: Ein Streit ist normalerweise nichts, worauf wir stolz sind. Wir zeigen uns von unserer schlimmsten Seite und nicht so, wie wir uns gern selber sehen würden. Wenn wir streiten, können wir allerlei Rechtfertigungen angeben, warum wir das tun, aber letztlich läuft es darauf hinaus, dass wir unseren Willen durchsetzen wollen. Oft tun wir das ganz unzweifelhaft auf Kosten von jemand anders und in dem Wissen, dass unser Sieg dem Gegner Schaden zufügt. Ich zeige Ihnen nur, wie Sie dieses Ziel erreichen können. Ich empfehle Ihnen nicht sich plötzlich allerlei fragwürdige Tricks anzueignen und sie zu benutzen, um die Menschen um Sie herum nach Ihrer Pfeife tanzen zu lassen. Die moralische Entscheidung darüber, was fair ist und was nicht, liegt stets allein bei Ihnen.

Wir werden uns auch fragen, was „Siegen" und „Verlieren" wirklich heißt. Es ist interessant, dass wir einen Streit so oft als Wettkampf betrachten. Trotz der Herden von Management-Lehrern, die das „Verhandeln mit Prinzipien" predigen, wollen wir normalerweise einen Sieger und einen Verlierer sehen. Aber reicht es den Gegner verbal niederzumähen oder verlangt es Sie nach einem spezifischen Ergebnis, aus dem Sie einen Vorteil ziehen? Diese beiden Ziele sind oft nicht miteinander vereinbar. Außerdem sollten wir die östlichen Weisheiten nicht vergessen, die uns darauf hinweisen, dass in vielen Fällen eine Niederlage (bzw. eine scheinbare Niederlage) der Sieg ist. Diese Einsicht ist nicht auf Zen-Mönche und taoistische Weise beschränkt – auch viele Frauen verfügen darüber, vor allem verheiratete.

Und noch etwas. Streiten Männer und Frauen verschieden? Benutzen sie verschiedene Taktiken, streiten sie über unterschiedliche Dinge oder haben sie unterschiedliche Auffassungen davon, wie Siegen und Verlieren aussehen? Sind Frauen glücklicher als Männer damit, einen Konsens zu erreichen? Auch darauf werden wir achten.

Außerdem betrachten wir die Psychologie des Streites und versuchen unter Zuhilfenahme verschiedenster Denkansätze zu verstehen, nach welchen Mustern ein Streit abläuft. Wir werden Strategien entwickeln, wie Sie Ihre Fertigkeiten effektiver in einem Streit einsetzen und selbst versuchen können mithilfe der Psychologie den Motiven und Strategien der Gegenseite auf die Spur zu kommen. Insbesondere möchte ich Ihnen die Transaktionsanalyse empfehlen, um die Kräfte zu verstehen, die in einem Streit zu Tage treten (siehe Seite 108).

Im Übrigen möchte ich einen persönlichen Kommentar über Selbsthilfe-Bücher anbringen. Die sind mir nämlich meist auf die Nerven gegangen. Jedem Leser steht die Frage zu: „Was ist das eigentlich für ein Autor und woher nimmt er das Recht mir Ratschläge zu erteilen?" Das ist eine vernünftige Frage und sie wird nur selten beantwortet. Es wird von Ihnen einfach erwartet, dass Sie dem Autor trauen. Meine Antwort ist: Ich gehe davon aus, dass Sie das Gefühl haben, Sie könnten besser streiten, sonst würden Sie dieses Buch nicht lesen. Sehr durchsetzungsfähige, aggressive Menschen hätten dieses Buch nicht zu Hand genommen. Ich bin kein Profi im Streiten (obwohl ich eine psychologische Ausbildung genossen habe). Ich habe Streitgespräche untersucht, weil mich dieser Bereich fasziniert. Wie die meisten Menschen habe ich oft das Gefühl gehabt, dass ich mich in einer Streitsituation hätte anders – besser – verhalten können und ich habe vertanen Möglichkeiten nachgetrauert. Die Autoren aber, die schüchternen Lesern fröhlich raten zu lächeln und jedem neuen Bekannten gut gelaunt die Hand zu geben, schreiben am Thema vorbei. Wenn die Leute das könnten, wären sie ja gar nicht schüchtern. Alle Ratschläge, die ich Ihnen geben möchte, sind praktisch anwendbar, gründlich untersucht und erprobt. Wenn etwas sich als zuverlässig erwiesen hat, empfehle ich es gerne weiter, aber wenn eine bestimmte Taktik nur einen geringen Wert aufweist, habe ich eine angemessene „Warnung" hinzugesetzt. Ich bin sicher, dass Sie dieses Buch nicht zu Ende lesen werden ohne eine Menge Dinge gelernt zu habe, die Ihre Fähigkeit zu streiten deutlich steigern.

Genaues eigenes Beobachten von Streitgesprächen wird Ihnen helfen. Das ist nicht schwierig: Alle streiten ständig überall. In jeder Kassenschlange, in jedem vollen Bus, auf jedem Parkplatz, auf jedem Bahnhof, in jeder Fernseh-Talkshow, wenn Leute in Radiosendungen anrufen können oder wenn Kinder auf Spielplätzen zugange sind, haben Sie die Möglichkeit zuzusehen und zuzuhören. Die Kunst besteht darin, aufmerksam zu sein und sich ganz genau dafür zu interessieren, was da vor sich geht. Für viele von uns ist es schwierig das zu tun, weil wir tief in unserem Inneren darauf geeicht sind, es nicht zu mögen, wenn andere Leute streiten. Wir wissen sehr genau, dass wir nur einen kleinen Schritt vom Ausbruch der Gewalt entfernt sind und der Instinkt legt uns nahe uns so weit wie möglich von einem möglichen Gefahrenherd zu entfernen. Aber versuchen Sie nicht wegzulaufen. Die meisten Streitigkeiten sind eher komisch als bedrohlich. Die meiste Wut ist Bluff und führt sowieso nicht zu einem Kampf. Wenn Sie genau aufpassen, was geschieht, wird Ihnen klar, dass das meiste von dem, was vor sich geht, ritualisiert und vorhersehbar abläuft. Wenn Sie das Ritual verstehen, haben Sie gute Chancen seinen Verlauf zu beeinflussen. Techniken, die einer der Streithähne erfolgreich einsetzt, können Sie auch selbst benutzen. Und weil so wenige Leute sich die Mühe machen sich intensiv mit dem Streiten zu befassen, Sie sich aber diese Zeit genommen haben, stehen die Chancen gut, dass Sie gewinnen.

Ein Letztes noch. Durchgehend habe ich in diesem Buch, der Lesbarkeit zuliebe, die dritte Person männlich Singular der Pronomen verwandt. Vermuten Sie darin bitte keinen düsteren sexistischen Unterton; falls ich keine entsprechenden Anmerkungen gemacht habe, beziehen sich alle Angaben auf Frauen und Männer gleichermaßen.

Was Sie wissen sollten

Was ist eigentlich ein Streit? Warum beginnt man einen Streit, was kann man dabei gewinnen? Welche Arten von Streit begegnen uns immer wieder? Diese grundlegenden Fragen müssen beantwortet werden, wenn man zu einem tieferen Verständnis eines eigentlich alltäglichen Vorgangs gelangen will.

Was ist ein Streit?

Die Frage scheint unnötig. Immerhin ist zu streiten etwas ganz Menschliches, das so oft und natürlich vorkommt wie zu atmen. Selbst wenn wir kein einziges Mal darüber nachgedacht haben, besitzen wir doch genug praktische Erfahrungen, um einen Streit zu erkennen, wenn wir an einem teilhaben oder wenn wir hören, dass andere in einem wortreichen Konflikt befangen sind.

Um spätere Missverständnisse zu vermeiden, sollten wir ein paar Dinge gleich von Anfang an klären. *Chambers Twentieth Century Dictionary* schreibt, ein Streit bestünde darin, „logisch argumentativ zu diskutieren". Argumentativ? Logisch? Zwei Wagen prallen an einem kalten, nassen Montagmorgen in der Stoßzeit aufeinander. Der eine, ein Sportwagen mit aufgemotztem Motor und Rallyestreifen an den Seiten, an dessen Steuer ein 25-jähriger Junior-Manager saß, war viel zu schnell und ist auf der nassen Fahrbahn ins Schleudern gekommen. Den anderen fuhr eine Frau, die ihre zwei kleinen Kinder auf der Rückbank in die Schule bringen wollte. Wie viel Vernunft können Sie hier wohl erwarten? Ist es sehr wahrscheinlich, dass es zu einem ruhigen und für alle Seiten zufrieden stellenden Gespräch kommt? Die Erfahrung lehrt uns, dass der bevorstehende Streit mit hoher Wahrscheinlichkeit sehr gefühlsbetont und nicht gerade „vernünftig" ausfallen wird.

Irgendwann kommt dann die Polizei und sorgt für Ordnung. Aber während die Erwachsenen reden, stibitzt eines der Kinder dem anderen den

Teddybären und wirft ihn auf den Fahrersitz. Werden die Kinder ihr Problem auf vernünftige Art und Weise lösen? Selbst wer keine eigenen Kinder hat, wird wissen, dass Vernunft in solchen Fällen nur selten zum Tragen kommt. Menschen sind keine ausschließlich rationalen Wesen und ihre Streitigkeiten sind daher selten rein vernunftgesteuert. Natürlich wissen Menschen, was Vernunft ist und sie nutzen sie auch, wenn sie versuchen ihr Verhalten zu rechtfertigen. Aber das ist etwas vollkommen anderes, als sich *ständig* rational zu verhalten. Die meisten menschlichen Streitigkeiten finden in einer Atmosphäre statt, die nur so strotzt vor Emotionen, Manipulationen, Eigeninteresse, vorgetäuschter Rationalität, Bigotterie und Propaganda. Dieses Buch soll Ihnen zeigen, wie Sie in diesem Dschungel überleben.

In Amerika ist es augenblicklich sehr in Mode die Kunst des Verhandelns zu analysieren und zu lehren. In jeder Buchhandlung und Bibliothek stehen Handbücher, die dem Leser klarmachen sollen, wie er besser verhandelt. Universitäten bieten Kurse für diejenigen an, die hoffen ihre Karriere dadurch voranzutreiben, dass sie geschickter verhandeln. Harvard präsentiert stolz das Harvard Negotiation Project, dessen Ziel darin besteht, „weiterführende Methoden der Verhandlung und Mediation zu entwickeln und verbreiten“. Heute Morgen war in der Zeitung sogar eine Anzeige, die für eine zwanzigseitige Zusammenfassung warb, die für ein geringes Entgelt „die 38 schmutzigsten Tricks der professionellen Unterhändler“ enthüllt – und „wie man sich dagegen wehrt“.

Aber obwohl Verhandlungen ein Teilbereich dessen sind, worüber wir sprechen, sind sie doch auch nicht mehr. Es gibt zwischen Verhandlungen und Streit einen grundlegenden Unterschied.

Bei einer Verhandlung sind beide Seiten, so sehr sie auch versuchen desinteressiert und losgelöst zu wirken, auf eine Einigung aus. Selbstverständlich wollen sie eine möglichst vorteilhafte Regelung und im Verlauf der Gespräche werden sie alle denkbaren Strategien einsetzen, um dieses Ziel zu erreichen. Wenn eine Seite glaubt nicht gut genug abschneiden zu können, werden die Verhandlungen vielleicht für eine Weile unterbrochen, aber letztendlich wollen doch alle die Einigung. Vielleicht brauchen sie sie sogar dringend. Nehmen Sie nur einmal den Krieg, dem der Zusammenbruch des ehemaligen Jugoslawien gefolgt ist. Die meiste Zeit scheint Frieden unerreichbar und mehrfach haben sich die unterschiedlichen Parteien zu Verhandlungen getroffen und wieder getrennt ohne eine Einigung erzielt zu haben. Dennoch ist allen Teilnehmern ganz klar, dass kein Land auf die Dauer im Bürgerkrieg existieren kann und deswegen muss – irgendwann jedenfalls – ein Verhandlungsergebnis erreicht werden. Ähnliche Situationen bestehen im Mittleren Osten, in Nordirland, Ruanda und an vielen anderen Krisenherden der Welt. Wie schwerwiegend die Dinge, die die einen von den anderen trennen, auch immer sein mögen: Stets besteht für Menschen, die in räumlicher Nähe zueinander leben, die Notwendigkeit miteinander auszukommen. Da die menschliche Gesellschaft ohne die Kooperation der Individuen unmöglich ist, müssen stets Verhandlungen die Antwort auf Krisensituationen sein. Selbst die Probleme in Nordirland, die seit über fünfundzwanzig Jahren bestehen und die auf jahrhundertealten Meinungsverschiedenheiten basieren, werden letztendlich durch Verhandlungen gelöst werden.

Streiten ist etwas völlig anderes. Bei einem Streit ist es möglich, dass die Streitenden überhaupt gar keine Einigung erzielen wollen. Wenn zum Beispiel zwei gegeneinander antretende Politiker im Fernsehen über etwas debattieren, ist vollkommen offensichtlich, dass keiner seine Position revidieren oder überhaupt auch nur Zugeständnisse an den anderen machen wird. Darum geht es bei diesem Streit auch nicht. Das Ziel der Teilnehmer besteht darin, so viele Wähler wie nur möglich von ihrer Sicht der Dinge zu überzeugen. Entsprechend gibt es auch viele Fälle, wo der einzige Zweck eines Streites darin besteht, den Gegner herabzuwürdigen und zu demütigen, indem man im Kampf der Worte einen Sieg davonträgt. Wenn solch ein emotionaler Kampf das eigentliche Thema des Streites ist, wird der Inhalt sekundär.

Nehmen wir als Beispiel einmal ein Paar, das sich scheiden lassen will und jetzt versucht zu klären, wer das Sorgerecht für die Kinder bekommt. Wir alle haben schon von Fällen gehört, wo die Sorge um das Wohlergehen der Kinder noch von dem Wunsch übertroffen wird, einen emotionalen und juristischen Sieg über den ehemaligen Ehegatten davonzutragen, der jetzt zum verhassten Gegner geworden ist. Bei solchen Kämpfen können Paare unglaubliche geistige und emotionale Schäden beieinander und ihren Kindern anrichten.

Verhandlungs-Fachleute, die Ratschläge geben wie „Trennen Sie die Menschen vom Problem“ oder „Gehen Sie rational mit irrationalen Verhandlungspartnern um“, haben meines Erachtens das Problem nicht verstanden. Häufig macht es Menschen Spaß irrational zu sein. In vielen Bereichen menschlichen Lebens wird gestritten um des Streitens willen und es geht um Macht und Status, mal ganz abgesehen von brutalem Durchsetzungsvermögen an sich.

Der amerikanische Psychologe Eric Berne bezeichnet Streit als Zusammenprall der Bilder, die jeder von uns in seinem Kopf trägt. Er hat erklärt, dass niemand ein objektives Bild der Wirklichkeit hat, sondern dass wir die Dinge stattdessen durch den Filter unserer eigenen Persönlichkeit wahrnehmen. Mit der Zeit werden diese wahrgenommenen Bilder festgeschrieben und es fällt uns immer schwerer sie zu verändern. Berne führt als Beispiel einen kräftigen Mann an, der ein Bein verliert. Es wird unter Umständen eine lange Zeit brauchen, bis er sein Bild von sich selbst als einem leistungsstarken Menschen zu dem eines Behinderten verändert hat. Es kann sein, dass er das Bein sogar noch „fühlt", obwohl es nicht mehr da ist; und selbst, wenn er die Veränderung akzeptiert zu haben scheint, kann es Zeiten geben, in denen er von sich selbst wiederum als unversehrt und durchtrainiert träumt.

Ein Problem entsteht, wenn wir gezwungen werden einen Eindruck zu revidieren, an dem wir lieber festhalten wollen.

Sam hatte Katie sechs Monate angehimmelt, bevor er den Mut zusammenraffte sie zu fragen, ob sie mit ihm ausgehen wolle. Er sah nicht besonders gut aus, war nicht vermögend und sie war ungewöhnlich hübsch und lebhaft. Er war überrascht, dass sie annahm. Das Treffen war ein großer Erfolg, sie fanden heraus, dass sie viel gemeinsam hatten, und wenig später gingen sie fest miteinander. Sams bester Freund Joe aber war unglücklich über die Lage der Dinge. Früher waren Sam und er in ihrer Freizeit viel zusammen gewesen. Jetzt war Sam normalerweise viel zu sehr mit Katie beschäftigt, um seinem alten Freund noch Zeit zu widmen. Joe aber hatte das Gerücht gehört, Katie sei bekannt dafür, sich mit jemandem eine Weile zu vergnügen und ihn dann einer neuen Eroberung zuliebe fallen zu lassen. Schließlich sah Joe Katie mit einem anderen Mann und hatte das Gefühl, er müsste Sam davor warnen, dass seine Freundin untreu wäre. Sam aber wollte gar nichts Negatives über Katie hören. In seinen Augen war sie einfach das Beste, was ihm je passiert war, und für ihn war leicht zu erkennen, dass Joes Motiv schlichte Eifersucht war. Sie stritten sich, regten sich auf und schließlich trennten sie sich und sprachen nicht mehr miteinander.

Wer hatte Recht? Wir wissen es nicht. Für uns ist das auch unwichtig. Vielleicht lag ein Körnchen Wahrheit in dem Vorwurf, dass Joe eifersüchtig war, aber trotzdem hat er vielleicht wirklich geglaubt, dass es seine Pflicht sei, seinen Freund aus den Fängen dieser fragwürdigen Frau, wie er sie sah, zu retten. Das ist beim Streiten der entscheidende Punkt. Die „wirklichen" Fakten sind oft sehr schwer zu entdecken. Viel wichtiger ist, was für *Gefühle* die Leute den Fakten gegenüber haben. Sam fühlte sich von Katie extrem angezogen. Die meisten Leute haben glücklicherweise schon einmal die Erfahrung gemacht jemanden so sehr zu mögen, dass man es kaum ertragen kann, denjenigen kritisiert zu hören. Joe hat versucht, das, was er als das kalte Licht der Wirklichkeit empfand, auf den romantischen Traum seines Freundes fallen zu lassen. Die fundamentale Unvereinbarkeit der Bilder, die die beiden Männer von Katie hatten, hat zu dem Streit geführt.

Wenn wir diese kleine Geschichte noch ein bisschen genauer betrachten, stellt sich noch etwas Interessantes heraus. Ganz sicher nämlich hat auch die Kraft eines bestimmten Bildes Konsequenzen. Wenn Sams Vertrauen in Katie nämlich vollkommen unerschütterlich gewesen wäre, hätte er Joes Rat mit einem bedauernden Lächeln übergehen können. Er wäre vielleicht nicht einmal beleidigt gewesen. Stellen Sie sich zum Beispiel einmal vor, dass jemand Ihrer Mutter vorwürfe, sie wäre Spionin für eine fremde Regierung. Die Vorstellung wäre so albern, dass sie als Allererstes einfach darüber lachen würden. Ihr Vertrauen in ihre Unschuld ist so stark, dass es ungemein aufwändig wäre es zu unterminieren. Daraus lernen wir, dass es offensichtlich beim Streiten außerordentlich wichtig ist von seiner eigenen Position überzeugt zu sein. Solange Sie absolut sicher sind, dass Ihr eigener Eindruck derjenige ist, der die Wirklichkeit am besten abbildet, werden Sie sehr schwer zu besiegen sein, selbst wenn alle anderen finden, dass Sie Unrecht haben.

Richard, ein mit mir befreundeter Wissenschaftler, ist ein überzeugter und begeisterter Christ. Er ist zudem ein hervorragender Redner mit einem natürlichen Gefühl für das Publikum. Ich habe einmal eine Konferenz darüber organisiert, welche Entwicklungen wir im nächsten Jahrtausend zu erwarten haben. Um die Sache etwas spannender zu machen, bat ich Richard über die Möglichkeit zu sprechen, dass das Christentum im nächsten Jahrhundert aussterben würde. Aus reiner Neugier baten wir am Anfang der Debatte um eine Abstimmung, um

die Positionen des Publikums festzustellen, und fanden heraus, dass wir ungefähr vierzig Atheisten unter uns hatten, fünfzehn Christen und zwanzig Agnostiker.
Im Verlauf der Debatte vertrat Jim, ein anderer Wissenschaftler, das Sterben des Christentums mit großem Nachdruck. Er war ein witziger, routinierter Sprecher und kannte sich mit allen Pro-und-Kontra-Argumenten des Themas aus (es war ein Steckenpferd von ihm und er war es in der Vergangenheit schon mit vielen anderen durchgegangen).
Dann war Richard dran. Intellektuell konnte seine Rede nicht mit der von Jim mithalten und einem Ungläubigen mochte sie viel zu persönlich und emotional vorkommen, aber sie hatte einen großen Vorteil: Richard hatte das Gefühl Gott persönlich zu kennen. Er trat mit einer so absolut felsenfesten Überzeugung auf, dass das Thema sich am Ende der Debatte vom Niedergang des Christentums zur Existenz Gottes gewandelt hatte und etwas Interessantes war geschehen. Als wir am Ende noch einmal über die religiösen Positionen abstimmten, zeigte sich, wie Sie erwartet haben mögen, dass weder die Atheisten noch die Christen ihre Position verändert hatten. Aber unter den Agnostikern hatte Richards Rede ungefähr zehn dazu gebracht, ihre Position zu verlassen, wohingegen Jim keinen Einzigen überredet hatte.

Obwohl Jim die Debatte also, oberflächlich betrachtet, gewonnen hatte, war die Lehre, die ich daraus zog, dass der absolute Glaube an das, was man sagt, einer der größten Vorteile ist, den man bei einem Streit haben kann.

Streitelemente

Streitigkeiten können wirken wie ein Zirkus der Worte, in dem alles erlaubt ist und die Teilnehmer einander alles an den Kopf werfen, was ihnen in den Sinn kommt. Aber es gibt eine Reihe von Elementen, die in jedem Streit stets wiederkehren, und die Kombination dieser Elemente wird Ihnen viel darüber verraten, welche Richtung ein Streit höchstwahrscheinlich nehmen wird. Aber um welche Elemente handelt es sich? Im Folgenden finden Sie eine Übersicht der wichtigsten Streitelemente.

Die Suche nach der Wahrheit

Es lohnt sich stets danach zu fragen, wie viel Kraft die Teilnehmer darauf verwenden, zur Wahrheit durchzudringen. Natürlich ist die „Wahrheit" Ihres Gegners nicht unbedingt Ihre, aber wenn Sie das Gefühl haben, dass er innerhalb seiner Möglichkeiten versucht die Situation rational zu analysieren, betrachten Sie seine Argumente gutwilliger und denken ernsthafter darüber nach. Wenn Sie andererseits eindeutig davon überzeugt sind, dass Ihr Gegner nur vorhat seinen eigenen Willen durchzusetzen, einen Sieg für diejenigen zu erringen, die er vertritt, oder Sie in Grund und Boden zu stampfen, werden Sie selbstverständlich alle seine Argumente mit größtem Misstrauen prüfen.

Unglücklicherweise ist die Suche nach der Wahrheit eines der seltensten Elemente beim Streiten. Selbst bei Diskussionen unter Wissenschaftlern und Akademikern, die mitunter ihr ganzes Leben damit verbringen, das Wissen über ihr Fachgebiet zu vertiefen und vergrößern, ist sehr häufig ein Grad von Parteilichkeit auszumachen, der der Wahrheitsfindung nicht im Geringsten dient. Beweise, die ihren eigenen Ansichten nützlich sind, werden veröffentlicht, wohingegen gegenteilige Ergebnisse herabgewürdigt oder ignoriert werden.

So etwas passiert viel zu oft, als dass wir alle Beispiele hier anführen könnten. Aber nur zur Illustration betrachten wir einmal das Beispiel der Gebrüder Wright und ihrer Experimente mit einer Flugmaschine, die schwerer als Luft war. Als darüber berichtet wurde, bestanden die Experten darauf, sie als Trottel anzusehen, denn es wäre unmöglich, das etwas flog, was schwerer als Luft war. Daraus folgte, dass das, was diese beiden Scharlatane da taten, Betrug sein musste. Die ersten Tests fanden auf einem Feld statt, das neben einem Eisenbahngleis lag, und viele Eisenbahnreisende sahen im Vorbeifahren zu, aber in den Augen der Experten galt das nichts.

Ihnen wird bald klar werden, dass Sie großes Glück haben, wenn Sie in einen Streit geraten, wo tatsächlich nach der Wahrheit geforscht wird. Wenn beide Beteiligten sich mühen der Wahrheit nahe zu kommen, indem sie auf eine konstruktive Art und Weise streiten, erfahren Sie einen der geistigen Prozesse, der uns von unseren Primaten-Vorfahren unterscheidet. Zu Recht betrachten wir dieses Phänomen mit großem Respekt. Mit so großem, dass wir den Vorgang üblicherweise gar nicht als „Streit" bezeichnen, sondern als Diskussion.

Eigennutz

Ein weiteres wichtiges Element, auf das wir achten sollten, ist das Ausmaß, in dem die Teilnehmer eines Streits von dem Ergebnis betroffen sind. Das offensichtlichste Beispiel wäre, wenn ein materieller Gewinn in Form von Geld oder Gütern besteht, den jeder der Beteiligten sich erhofft. Es ist aber auch möglich, dass der Sieg einen Statusgewinn mit sich bringt; das aber ist ein so wichtiges Elemente beim Streiten, dass es eines eigenen Abschnittes bedarf.

Wenn Sie in einen Streit geraten, sollten Sie sich fragen, wie hoch der finanzielle Gewinn sein kann. Fragen Sie sich, was Ihr Gegner – wenn überhaupt – zu gewinnen hat. Daraus können Sie schon einmal solide Schlüsse darüber ziehen, wie viel Einsatz er zeigen wird, um Sie in die Knie zu zwingen. Ein Streit darüber, wer damit dran ist in der Kneipe die nächste Runde zu zahlen, wird höchstwahrscheinlich weniger hartnäckig ausgetragen als einer über den Besitz, sagen wir, eines erstklassigen Rennpferdes oder eines wertvollen Gebäudes. Dies ist kein unfehlbarer Hinweis (siehe die Abschnitte über Status und Gefühle), ist aber zweifelsohne wichtig.

Und noch etwas sollten Sie unbedingt in Betracht ziehen. Streitende sagen nicht immer die Wahrheit. Entweder verheimlichen sie Ihnen bewusst ihre wahren Motive oder sie täuschen sich sogar selbst darüber, was sie in Wirklichkeit anstreben. Es kann ausgesprochen schwierig sein einen guten Lügner zu demaskieren. Die Vorstellung, dass Lügner immer unruhig wirken oder sich durch eine bestimmte Körpersprache verraten, ist lächerlich naiv. Wenn Sie sich fragen, wer wirklich die Wahrheit sagt, tun Sie gut daran, darüber nachzudenken, was jeder der Beteiligten zu gewinnen hat. Das ist kein unfehlbarer Rat, aber oft der einzige Hinweis, auf den Sie überhaupt zugreifen können.

Und wie steht es mit Ihren eigenen Motiven? Es liegt in der Natur des Streitens, dass Sie sich manchmal bloß durchsetzen wollen. Wahrheit, Gerechtigkeit oder gar das Allgemeinwohl kommen Ihnen gar nicht in den Sinn. So ist der Mensch. Aber wenn Ihnen klar ist, dass Sie genau das tun, wird es Ihnen viel leichter fallen zu streiten. Selbstverständlich werden Sie Ihre Position rationalisieren, damit es Ihnen angemessen vorkommt Ihre Meinung durchzusetzen. (Das ist ein psychologischer Trick, den jeder von uns benutzt.) Aber wenn Sie sich noch eine Spur Unvoreingenommenheit bewahren können, wird es Ihnen wenigstens gelingen eine Argumentation aufzubauen, die zumindest den Anschein erweckt auf eine faire Lösung aus zu sein.

Sie sollten Ihren möglichen Gewinn sehr sorgfältig gegen die möglichen Kosten abwägen den Sieg zu erringen. Wenn Sie zum Beispiel mit Person A. über etwas streiten und gewinnen, sind Sie vielleicht sehr stolz auf sich. Wenn aber Ihre Beziehung zu A. fortbesteht und Sie wissen, dass Sie schon bald über etwas streiten müssen, das Ihnen noch wichtiger ist – was tun Sie dann? Indem Sie Ihrem Gegner diesmal eine faire Übereinkunft anbieten, können Sie ihn für den gnadenlosen Streit gnädig stimmen, auf den es wirklich ankommt. Andererseits könnte es auch so sein, dass Sie, wenn Sie A. diesmal schon so richtig fertig machen, einen psychologischen Vorteil haben und ihn das nächste Mal wieder besiegen. Ihr Verhalten in einer solchen Situation wird vor allem auf Ihrer Einschätzung von A.'s Charakter beruhen, aber eine genaue Einschätzung der möglichen materiellen Gewinne wird Ihnen zu klären helfen, wie weit Sie den Streit treiben wollen. Finden Sie es zum Beispiel klug, jemanden tödlich zu beleidigen, wenn es nur um den Gegenwert von ein paar Mark geht? Streitigkeiten entwickeln schnell ein Eigenleben, Gemüter erhitzen sich, der Stolz leidet und bevor Sie wissen, wie Ihnen geschieht, führen Sie einen regelrechten Krieg um etwas, das kaum einen Pfifferling wert ist.

Status

Wer bis hierher gelesen hat, wird sicher keinen Zweifel mehr daran haben, dass ich nicht sehr viel Zutrauen in Menschen als rationale Wesen aufbringe. Wenn ich heute in die Zeitung schaue (an irgendeinem Tag, in irgendeinem Land), ist klar, warum. Deshalb ist die Frage des Status bei der Betrachtung von Streitigkeiten so wichtig. Sie ist absolut irrational, ein Erbe unserer tierischen Ahnen und dennoch übt sie eine eiserne Kontrolle über unser Verhalten aus. Jeder kann leicht verstehen, warum Paviane darauf angewiesen sind, ihre familiären Gruppen einer gewissen Hackordnung zu unterwerfen. Aber Menschen? Die „denkenden Affen"? Leider sind die Unterschiede kleiner als uns lieb ist.

Am besten ist Status beim Streiten in der Geschäftswelt oder einer sehr stark strukturierten Organisation wie der Armee oder der Polizei zu erkennen. Jeder, der schon einmal in einem Büro oder einer Fabrik gearbeitet hat, kennt einen Chef, der immer Recht behält, egal wie sehr er im Unrecht ist. Solche Chefs streiten nicht über Tatsachen (möglicherweise kennen sie die Fakten gar nicht und wenn doch, betrachten sie sie als vollkommen irrelevant). Nein, ihnen geht es vor allem darum, dass sie, indem sie einen bestimmten Weg erfolgreich verfolgen (und zwar ihren eigenen) und indem sie jedweden Widerstand niederbügeln, der ihnen begegnet, weiterhin der Oberaffe bleiben.

Untergebene spielen oft mit, indem sie die Meinung ihres Chefs offiziell teilen, obwohl sie wissen, dass er Unrecht hat. So festigen sie seine Position und sorgen dafür, dass auch ihr Platz in der Hackordnung unangetastet bleibt. Eine der Eigenschaften einer Hackordnung besteht darin, dass niemand etwas gegen sie hat, solange sie unverändert bleibt. Ihre Mitglieder nehmen sogar an regelmäßigen Ritualen teil, die lediglich dem Zweck dienen, die Ordnung zu bestätigen. Wenn es jedoch jemand wagt den Status quo zu verändern, können daraus die schlimmsten Status-Streitigkeiten erwachsen.

Ein weiterer interessanter Punkt ist, dass die Leute, die um Status streiten, nicht immer „wichtig" sein müssen. Nicht nur Offiziere und Gentlemen machen sich Sorgen um ihren Platz an der Sonne. Denken Sie nur einmal an diese mild lächelnden Gestalten, die Kirchenbasare organisieren. Wer jemals die Intrigen hinter den Kulissen kirchlicher Veranstaltungen miterleben durfte, weiß, dass Statusfragen auch vor den vorgeblich Demütigen und Sanftmütigen nicht Halt machen.

Gefühle

Streitgespräche können eine außerordentlich emotionale Angelegenheit werden. Erstaunlicherweise, und selbst wenn wir glauben eine rationale Diskussion über objektive Fakten zu führen, kann eine gegenteilige Meinung Ablehnung oder sogar Wut hervorrufen. Niemand hört gern Widerspruch und noch weniger beliebt ist es, nachgewiesen zu bekommen, dass man im Unrecht ist. Bei fast jedem Streit geht es so ziemlich von Anfang an auch um den Status. Ein bestimmtes Thema kann Ihnen bislang vollkommen egal gewesen sein, aber wenn jemand kommt und Ihnen sagt, dass Ihre diesbezügliche Meinung falsch ist, haben Sie möglicherweise das Gefühl Ihre – natürlich korrekte – Position bis aufs Blut verteidigen zu müssen.

Das ist eine menschliche Reaktion und deshalb müssen wir mit ihr leben. Es ist nicht sinnvoll so zu tun, als wären Sie irgendein Supermensch, den die ganzen Gefühle, die im Streit aufwallen, nicht berühren. Aber wenn Ihnen klar ist, wie emotional eingebunden Sie jeweils in das sind, was gesagt wird, können Sie sich beobachten und die schlimmsten Exzesse vermeiden.

Früher hieß es, dass man in gesitteten Unterhaltungen nicht über Sex, Politik und Religion spricht. Heutzutage sind viele Leute stolz darauf, offen mit allen diesen Themen umzugehen und frank und frei über alles zu sprechen, was wirklich wichtig ist. Es gibt viel weniger Tabuthemen. Dennoch hat sich das Gefühl, das Menschen diesen Themenbereichen entgegenbringen, nicht grundlegend verändert. Wenn Sie jemanden wirklich aufregen wollen, müssen Sie nur an seinem Glauben oder an seiner politischen Einstellung herumnörgeln und Sex ist natürlich immer noch ein Minenfeld. Ich möchte noch ein weiteres Thema zu dieser kurzen Liste gefährlicher Bereiche hinzufügen: Kinder. Kein Bereich ist riskanter als Kindererziehung. Aus irgendeinem Grund reicht die Erwähnung des Wortes „Kind", um normalerweise gesunde und vernünftige Leute aufzuregen. Fürderhin ist keine Theorie zu lächerlich, um vorgetragen zu werden, und keine Aussage zu extrem, um vertreten zu werden. Ungläubige werden ungefähr so behandelt wie Ketzer von der Inquisition. Hüten Sie sich stets davor, über Kinder zu streiten!

Der emotionale Gehalt eines Streites wird in vielen Fällen wichtiger als der sachliche Inhalt und das zu vernachlässigen, ist riskant. Wenn verletzter Stolz erst einmal ins Spiel gekommen ist, ist es außerordentlich schwierig noch zu einer vernünftigen Lösung zu kommen. Deshalb sollten Sie bei jedem Streit, in den Sie geraten, sehr sorgfältig auf die emotionalen Abläufe achten.

Verschiedene Arten von Streit

Es gibt verschiedene Formen des Streites, von denen jede ihre eigenen Regeln und Abläufe hat.

Der erste große Unterschied besteht zwischen öffentlichen und privaten Streitereien. Es ist ungemein wichtig sich darüber klar zu werden, ob man streitet, um jemanden wirklich zu überzeugen, oder ob man sein Gegenüber lediglich als einen Resonanzkörper benutzt, der einem hilft andere zu überzeugen.

Private Streitigkeiten

Wenn zwei oder mehr Menschen streiten, ohne dass jemand zuhört, ist das eindeutig privat. Die Tatsache, dass solche Streitigkeiten von vornherein ohne Publikum ausgetragen werden, hat wesentliche Auswirkungen auf ihren Ablauf. Bei einem privaten Streit gilt üblicherweise alles, was gesagt wird, als „unter uns" und die Beteiligten haben möglicherweise das Gefühl Meinungen und Emotionen deutlich machen zu können, die sie vor Publikum verbergen würden. Unausweichlich wird ein privater Streit sich schließlich auch auf persönliche Aspekte konzentrieren, selbst wenn das Thema von gesellschaftlicher Wichtigkeit ist. Anekdotische Beweisführung ist üblich bei privaten Streitigkeiten und die Beteiligten verweisen oft auf ihre eigenen Erfahrungen und auf die ihrer Freunde und Verwandten, um etwas zu beweisen. Häufig sind sie entweder nicht willens oder nicht im Stande zu begreifen, dass Onkel Harry zwar von seinem elften Lebensjahr an vierzig Zigaretten täglich geraucht hat und trotzdem siebenundachtzig geworden ist, daraus aber noch lange nicht folgt, es sei kompletter Quatsch, dass man vom Rauchen Krebs kriegt.

Wenn die Streitenden nicht zufälligerweise erfahrene Argumentierer sind, werden sie die Neigung an den Tag legen weit verbreitete Fehler zu machen, beispielsweise Fakten und Meinungen durcheinander zu bringen oder Fakten ungenau zu zitieren. Eine der stärksten Waffe, die Sie bei privaten Streitigkeiten einsetzen können, ist *Schlaumeier* (siehe Seite 53), die einfach bloß darin besteht die Fakten zu kennen und korrekt wiederzugeben. Alleswisser sind jedoch nirgendwo sehr beliebt; und bei Streitigkeiten, wo die Emotionen oft hohe Wellen schlagen, riskieren Sie, sich sehr unbeliebt zu machen, wenn Sie immer alles besser wissen. Sie sind vielleicht besser beraten sich diese Technik für solche Fälle aufzuheben, in denen es wirklich darauf ankommt.

Eine weitere wichtige Fassette privaten Streits besteht darin, dass die Streitenden das Ergebnis ungemein persönlich nehmen und häufig auch auf andere Bereiche ihres Privatlebens übertragen. Ihnen ist garantiert auch schon aufgefallen, dass ein Streit mit Freunden oder Kollegen Auswirkungen haben kann, die mit der Bedeutung der ursprünglichen Meinungsverschiedenheit nicht mehr das Geringste zu tun haben. Viele Menschen haben sich Tage, Monate und manchmal sogar Jahre lang geweigert miteinander zu sprechen, bloß weil ein unbedeutender kleiner Streit außer Kontrolle geraten ist.

Eines der großen Probleme privater Streitigkeiten besteht darin, dass sie oft als Überdruckventil für tiefer liegende Feindseligkeit dienen. Solcher Streit wird oft nur vom Zaun gebrochen, um zurückliegenden Ärger endlich herauslassen zu können. Und selbst wenn der Streit an sich ernst gemeint ist, ist es erstaunlich zu beobachten, wie die glatte Oberfläche des alltäglichen Benehmens vollkommen zerschrammt wird, wenn Gefühle ins Spiel kommen. Bedenken Sie beispielsweise einmal, was im ehemaligen Jugoslawien geschehen ist, als einige Staatsbürger ihren serbischen Nachbarn mitteilten, dass sie gern ihre eigenen Wege gehen und unabhängige Staaten bilden wollten. Zuerst könnte man dies als ein politisches Thema ansehen, aber wenn man sich anhört, was die Betroffenen berichten, wird offensichtlich, dass viele der schrecklichen Feindseligkeiten auf Ärger unter Nachbarn beruhten, der vollkommen außer Kontrolle geriet. Die Reportagen betonen durchgängig, dass die furchtbarsten Verbrechen nicht von fremden Armeen begangen wurden, sondern in vielen Fällen von Menschen, die einander mit Namen kannten.

Öffentliche Auseinandersetzungen

Bei einem öffentlichen Streit andererseits sind die Teilhabenden üblicherweise viel mehr daran interessiert, welche Auswirkungen ihre Worte auf die Zuhörer haben, als daran, ob sie ihren Gegner überzeugen können. Die meisten Menschen, die öffentlich streiten (Geschäftsleute, Anwälte, Politiker, Journalisten), fallen dementsprechend auch in die Kategorie der professionellen Argumentierer. Ihre gesamte Karriere gründet sich auf dauernden Streitigkeiten und sie verteidigen oder attackieren einen Standpunkt aus rein professionellen Gründen. Es ist keineswegs zynisch zu unterstellen, dass sie im einen oder anderen Fall nicht unbedingt persönlich an den Standpunkt glauben, den sie so elegant vertreten. Nur selten haben „normale" Menschen mit den professionellen öffentlichen Argumentierern zu tun. Aber vorkommen kann das schon. Wenn es dazu kommt, müssen Sie in der Lage sein zu entscheiden, ob Sie auf Ihren Gegner persönlich oder als Sprachrohr für einen bestimmten Standpunkt reagieren.

Ein öffentlicher Streit ist notwendigerweise formeller als ein privater. Oft richtet sich der Ablauf nach speziellen Regeln und möglicherweise gibt es sogar einen Moderator, der darauf achtet, dass die Regeln eingehalten werden. Obwohl die Leute sich aufregen, wird es ihnen nicht erlaubt physische Gewalt anzuwenden. Darüber hinaus ist meist eine Strafe damit verbunden, sich gehen zu lassen: Das Publikum betrachtet dies als Anzeichen argumentativer Schwäche. Außerdem gibt es im Regelfall einen Zeitplan und wenn Sie Ihre Zeit nicht geschickt einteilen, können Sie möglicherweise wichtige Punkte nur streifen oder vergessen sie sogar. Und egal wie viele witzige Retourkutschen Ihnen auf dem Heimweg einfallen, Sie werden wahrscheinlich keine zweite Chance bekommen, wenn der Streit vorbei ist. Die meisten öffentlichen Debatten sind einmalige Ereignisse, in denen die Qualität Ihres Auftritts an diesem speziellen Tag mindestens genauso wichtig ist wie die Frage, ob Sie überhaupt Recht haben.

Eine weitere Eigenheit öffentlicher Streitigkeiten besteht darin, dass sie, genau wie schriftliche Argumentationen, fast immer „offiziell" sind und normalerweise werden sie auch in irgendeiner Weise aufgezeichnet, sei es schriftlich, elektronisch oder audiovisuell. Deshalb werden die meisten Teilnehmer dazu tendieren, ihre Worte sorgfältig abzuwägen und allzu persönliche und dramatische Aussagen, wie sie in rein privaten Streitfällen ständig vorkommen, zu vermeiden.

Außerdem ist sehr wahrscheinlich, dass von dem Ergebnis eines öffentlichen Streits wesentlich mehr abhängt. Gerichtsverfahren, politische Debatten (sowohl auf nationaler als auch auf kommunaler Ebene), öffentliche Anhörungen und formelle Versammlungen von Vorständen oder Aufsichtsräten gehören zu den Gelegenheiten, anlässlich derer öffentliche Streitigkeiten ausgetragen werden und bei denen das Ergebnis sehr wohl langfristige und weit reichende Konsequenzen haben kann. Selbst eine Debatte im Fernsehen, obwohl sie kaum mehr als ein bisschen Entertainment zu sein scheint, wird ihre Auswirkungen auf die öffentliche Meinung haben. Insofern ist ein öffentlicher Streit in jeder Hinsicht eine sehr viel ernsthaftere Angelegenheit als ein privater.

Schriftlich streiten

Beinahe jeder Streit kann in Schriftform ausgetragen werden, aber üblicherweise behalten wir dieses Vorgehen sehr formellen Meinungsverschiedenheiten vor. Der Grund ist offensichtlich: Alles, was man aufschreibt und jemand anders schickt, kann veröffentlicht und nicht widerrufen werden. Daraus ergeben sich zahlreiche Konsequenzen; eine der wichtigsten besteht darin, dass man rechtlich verantwortlich gemacht werden kann. Sagen Sie einem Mann ins Gesicht, er sei ein verlogenes Schwein und Sie riskieren eine blutige Lippe; schreiben Sie es ihm und Sie riskieren eine Verleumdungsklage. Trotz der Risiken dieses Vorgehens weist es auch wesentliche Vorteile auf, die es sehr beliebt machen. Die Tatsache allein, dass Sie und Ihr Gegner Ihre Worte abwägen müssen und sich vorstellen, dass ein größeres Publikum sie liest, wird unausweichlich die Qualität des Streits steigern. Sie werden zweimal darüber nachdenken, einen Beweis anzuführen, den alle möglichen anderen Leute dann überprüfen könnten. Vergessen Sie auch nicht: Was Sie vorschnell aussprechen, wird sich möglicherweise irgendwann gegen Sie wenden. Jeder, der sich noch daran erinnert, wie der amerikanische Präsident Bush das Volk gedrängt hat seine „Lippen zu lesen“, als er versprach, die Steuern würden nicht erhöht, wird auch noch von seinen Problemen wissen, als er dieses Versprechen später brach.

Schriftliche Streitigkeiten haben außerdem den Vorteil, dass sie es Ihnen erlauben nachzudenken und nachzuschlagen, bevor Sie sich gegen die jüngste Attacke Ihres Gegners zur Wehr setzen. Ein schriftlicher Streit begünstigt den Sorgfältigen, der sich darum bemüht, die Details korrekt wiederzugeben, und wird denjenigen bestrafen, der sich auf seinen Sprachwitz verlässt, um argumentative Lücken zu verbergen. Vielen Menschen sind schriftliche Streitigkeiten auch deshalb lieber, weil einem der Gegner nicht so nahe kommen und deshalb einige der aggressiveren Streittaktiken nicht einsetzen kann. Das geschriebene Wort bildet einen Schutzwall zwischen Ihnen und Ihren Gegnern und schützt Sie vor Leuten, die versuchen sich aufgrund der reinen Kraft ihrer Persönlichkeit durchzusetzen. Es ist nicht ungewöhnlich, dass sich völlig unscheinbare Menschen, die normalerweise vor ihrem eigenen Schatten erschrecken, in Löwen verwandeln, wenn ihnen die Schriftform zur Verfügung steht. Das kann gut sein, wenn es Leuten ermöglicht fair wahrgenommen zu werden, die diese Chance sonst nicht hätten. Andererseits tritt auch das weniger angenehme Phänomen der „Giftspritze" auf: Leute, die normalerweise ganz vernünftig wirken, geben vollkommen ausfallende Absurditäten von sich, sobald man ihnen einen Stift und Papier überlässt.

Gefühle spielen natürlich auch bei schriftlichen Streitigkeiten eine große Rolle. Dennoch kommen Menschen nicht so sehr in Versuchung sich gehen zu lassen, wenn sie ihre Gedanken niederschreiben. Viele machen sich auch den alten Trick zu Nutze ihrem Gegner zwei Antworten zu schreiben. In der Ersten legen sie richtig los und beschimpfen ihn, so wild sie können. Dann, nachdem sie sich das von der Seele geschrieben haben, zerreißen sie den ersten Brief und beginnen die ruhige, würdevolle Antwort zu formulieren, die sie wirklich abschicken. Wenn Sie das nicht ohnehin schon tun, sollten Sie einmal darüber nachdenken.

Wenn Sie schriftlich streiten, haben Sie darüber hinaus die Möglichkeit eine Persönlichkeit darzustellen, die von Ihrem gewöhnlichen Charakter durchaus abweicht; das ist von Angesicht zu Angesicht nur schwer denkbar. Wenn Sie im wirklichen Leben leicht überfahren werden, zu stottern beginnen, rot werden und wichtige Details Ihrer Argumentation vergessen (und jedem von uns geschieht das eine oder andere aus dieser Liste hin und wieder), können Sie, sobald Sie schriftlich streiten, so ruhig und pointiert argumentieren wie Sie wollen – Sie haben Zeit es richtig hinzukriegen. Möglicherweise zeigen Sie auch eine Rohfassung Ihres Briefes einem Freund, dem Sie trauen, oder einem bezahlten Berater (beispielsweise Ihrem Anwalt oder Buchhalter) und holen deren Rat ein, bevor Sie die Endfassung absenden. Der große Vorteil des schriftlichen Streitens besteht darin, dass Sie jedes Blatt Papier wieder und wieder überarbeiten können, so oft Sie wollen, bis es sich genauso liest, wie Sie es wünschen.

Aber obwohl schriftlich zu streiten große Vorteile mit sich bringt, birgt es auch Gefahren, über die Sie sich klar werden sollten, bevor Sie sich darauf einlassen. Sie sollten sicherstellen, dass Sie sich auf einem Feld bewegen, dessen Regeln Sie kennen. Deshalb sollten Sie beispielsweise nicht versuchen schriftlich einen Rechtsstreit auszutragen (es sei denn, Sie sind entsprechend ausgebildet). Sie könnten glauben, das, was Sie geschrieben haben, sei zweifelsfrei eindeutig, aber im juristischen Kontext können Wörter Bedeutungen annehmen, die sie in der Alltagssprache nicht haben. Außerdem werden Sie feststellen, dass Anwälte ausgesprochen geübt darin sind, jede Argumentation, die man ihnen vorlegt, auseinander zu nehmen. Die einzigen Leute, die sie möglicherweise davon abhalten können, sind andere

Anwälte. Sie hingegen sollten Ihre Grenzen erkennen und dürfen sich von Ihrer Freude im Streiten niemals dazu verleiten lassen, sich mit haushoch überlegenen Gegnern anzulegen.

Wenn Sie schriftlich streiten, müssen Sie sehr streng mit sich sein und dafür sorgen, dass Sie sich nicht auf irrelevantes Wortgeklingel einlassen. Sätze, mit denen Sie vielleicht gerade noch durchkommen, wenn Sie sie sagen, können unglaublich dumm aussehen, wenn Sie sie niederschreiben. Versuchen Sie Worte auszulassen, die Sie nicht brauchen. Scheiben Sie kurze Sätze, kurze Absätze, schreiben Sie pointiert. Gehen Sie sicher, dass Ihre Argumentation von ihrer ersten Darstellung der Tatsachen natürlich und logisch über die Beweisführung bis zu dem führt, was Sie für einen unausweichlichen Schluss halten.

Familienstreitigkeiten

Die folgende Anekdote sollten Sie sich merken. Es wird Sie daran erinnern, dass Streitigkeiten innerhalb der Familie einem ganz eigenen Wahnsinn unterliegen.

> Der Designer Kevin, der für mich tätig war, arbeitete mit seinem jüngeren Bruder zusammen. Ein paar Jahre lang ging für die beiden alles glatt. Sie hatten ein Studio im Erdgeschoss des Hauses ihrer alten Mutter und alle Familienmitglieder kamen gut miteinander klar. Dann heiratete der Bruder Robert eine Französin namens Thérèse. Und plötzlich war die Hölle los. Seine Frau kam nicht mit dem älteren Bruder klar. Die Mutter wurde in den Streit hineingezogen. Die Brüder sprachen nicht mehr miteinander. Die Streitigkeiten wurden so häufig und so aggressiv, dass das Studio geteilt werden musste, um die Kriegsparteien voneinander fern zu halten. Schließlich mussten sie sogar einen zweiten Eingang ins Haus bauen lassen. Auf dem Höhepunkt des Streits wurde ein Treffen mit allen Familienmitgliedern und ihren Beratern einberufen. Schnell liefen die Dinge aus dem Ruder. Kevin, der eigentlich ein ganz lockerer Typ war, schlug vor, den ganzen Schlamassel vernünftig zu regeln, woraufhin Thérèse in voller Lautstärke schrie: „Was hat denn Vernunft damit zu tun? Eine Familie ist doch keine Demokratie!"

Wenn Familienmitglieder streiten, geht es nur sehr selten um das vordergründige Thema. Die meisten Streitigkeiten entzünden sich an etwas so Banalem, dass es kaum lohnt darüber nachzudenken, beispielsweise, wer damit dran ist abzuwaschen oder ob jemand daran gedacht hat, am Vorabend die Eingangstür abzuschließen. Wenn so ein Streit außerhalb einer Familie ausbräche, wäre er höchstwahrscheinlich schnell geklärt, vielleicht sogar freundschaftlich. Familien aber sind anders. Wenn eine kleine Gruppe Menschen jahrein, jahraus beisammen lebt, oft auf sehr beschränktem Platz, müssen sich ganz einfach Frustrationen aufstauen. Und weil von uns erwartet wird, dass wir unsere Eltern, Partner und Kinder lieben, egal wie ekelhaft sie sich uns gegenüber benehmen, müssen wir unsere Wut oft unterdrücken. Kein Wunder, dass es dann häufig knallt. Wenn Sie einem ausgewachsenen Familienstreit beiwohnen, wird Ihnen klar, warum die Statistik besagt, dass die Mehrzahl aller Morde sich innerhalb von Familien ereignet. Aber der Zoologe Desmond Morris hat beobachtet, dass das Interessante an den Menschen nicht ihre Gewaltbereitschaft ist, sondern dass es im Gegenteil meistens gelingt sie so gut zu vermeiden. Es ist noch erwähnenswert, dass diese Betrachtungen nicht nur auf traditionelle Familien zutreffen, sondern auch auf andere Haushaltsformen, beispielsweise Studenten-WGs.

Darüber hinaus sorgt schon die Enge der familiären Beziehungen von vornherein für kraftvolle Emotionen. Weil die Familienmitglieder uns lieben, haben wir das Gefühl ihnen einen Teil unseres Wesens zeigen zu können, den wir vor dem Rest der Welt verstecken. Schmollende Teenager gehen mit ihren Eltern besonders unfreundlich um, frustrierte Ehemänner schikanieren ihre Frauen und umgekehrt.

Streit innerhalb der Familie zeichnet sich auch dadurch aus, dass es normalerweise überhaupt nicht um Vernunft, die Suche nach der Wahrheit und häufig noch nicht einmal um Eigeninteresse geht. All dies ist den meisten Familienmitgliedern fremd. Am häufigsten eingesetzt werden verschiedene Formen der Manipulation (siehe Seite 90). Die Streitenden werden jeden Trick benutzen, um ihre geliebten Angehörigen dazu zu bringen, zu überreden, zu erpressen oder zu beschwatzen, ihren Wünschen zu folgen. Diese Manipulation selbst ist der Hauptinhalt des Streites. Das Thema wird in den meisten Fällen weit unwichtiger sein als das wahre Ziel des Streitenden. In anderen Worten: Es ist vollkommen gleichgültig, dass du jetzt endlich den Wagen gewaschen hast; wichtig ist, dass ich dich dazu gebracht habe, ihn zu waschen.

Manipulation steht in einem schlechten Ruf, weil sie auf emotionaler Unehrlichkeit basiert. Die Menschen glauben, dass es nicht möglich sei eine gute Beziehung zu jemanden zu haben, zu dem man nicht ehrlich ist. Familien aber haben ihre eigene innere Struktur und die Manipulation hilft diese Struktur zu erhalten. Viele Paare feinden sich erst an, dann vertragen sie sich wieder und so sorgen sie dafür, dass der Frust abgelassen werden kann und nie zu Gewaltausbrüchen eskaliert.

Wir können kaum etwas dagegen tun. So zu streiten hilft uns Dampf abzulassen und den Druck auszuhalten, unter dem wir leben. Das ist eine gute Sache. Die Fälle, in denen Menschen die Kontrolle verlieren und ein familiärer Streit sich zu einem Blutbad auswächst, sind, obwohl sie sensationelle Schlagzeilen ergeben, glücklicherweise selten.

Im Augenblick beschäftigen wir uns mit nur einer einzigen Frage: Wie gewinnen Sie einen familiären Streit? Hier müssen offensichtlich ganz andere Kriterien angelegt werden als bei jedem anderen Streit. In einer Familie besteht der argumentative Sieg mit Sicherheit nicht darin, dass es Ihnen gelingt Ihren Mann oder Ihr Kind zu dem Geständnis zu bringen, dass er oder sie tatsächlich damit dran war, den Rasen zu mähen. Unter solchen Umständen zählt es nie als Sieg jemanden niederzuknüppeln (ob nun wortwörtlich oder sinngemäß). Ein Sieg besteht nur darin, ein Ergebnis zu erreichen, das der Familie hilft weiterhin effektiv zu funktionieren. Ein großer Streit, in dem die Beteiligten ihre aufgestaute Wut rauslassen, kann ein Gewinn für alle sein, wenn eine ehrlich gemeinte Versöhnung folgt. „Sag, was du willst, aber geh nie wütend zu Bett", ist der beste Rat, den man bei einem familiären Streit beherzigen kann.

Streit zwischen den Geschlechtern

Als ich über die verschiedenen Arten nachdachte, auf die Menschen miteinander streiten, begann ich mich auch dafür zu interessieren, ob Frauen anders als Männer streiten. Vielleicht war meine gesamte Sicht der Dinge eindeutig männlich und ließ mich daher Dinge nicht erkennen, die Frauen offensichtlich finden. Also fragte ich Kolleginnen und Freundinnen, was sie dachten. Fast ohne Ausnahme behaupteten sie, dass Frauen untereinander anders stritten als mit Männern. Sie stellten fest, dass Frauen in einer gemischten Runde leicht dazu gebracht werden, eine männliche Art des Streitens zu imitieren, aber untereinander treten sie sehr viel vernünftiger auf. Eine ganze Reihe ausgesprochen abgenutzter Vorurteile begann aufzutauchen. Die Männer hatten das Gefühl, die Frauen würden in erster Linie rein emotional argumentieren, während sie natürlich praktisch denkende, klarsichtige Typen waren, die sich selten von Emotionen ins Handwerk pfuschen ließen. Eigenartigerweise sahen sich Frauen sehr ähnlich. Aber sie formulierten es anderes und benutzten Worte wie „Gefühle", „Intuition" und „Konsens". Es wird Sie nicht überraschen zu hören, dass sie durch die Behauptung der Männer, verständiger zu sein, nicht sonderlich beeindruckt waren. Frauen hatten das Gefühl ebenfalls sehr vernünftig zu agieren, aber eine weitere, darüber hinausgehende Qualität zu besitzen, die Männer nie erfassen konnten.

All dies wurde dann ein bisschen subjektiv; also habe ich bei meinen Beobachtungen von Streitgesprächen speziell auf Unterschiede zwischen den Geschlechtern geachtet. Ich habe keine gefunden. Schon bald wurde klar, dass Frauen genauso emotional, vernünftig, praktisch, stur, ehrlich, listig und so weiter auftreten können wie Männer. Es ist mir aber noch immer nicht gelungen meine Freunde davon zu überzeugen, dass das stimmt.

Kinderstreit

Wenn Sie ein perfekter Argumentierer werden wollen, sollten Sie am besten damit beginnen, dass Sie Kindern beim Streiten zusehen. Kleine Kinder sind von Natur aus Meister in einigen nicht sonderlich komplizierten, aber ausgesprochen effektiven Techniken. Ihre größte Stärke liegt darin, dass sie sich skrupellos ganz und gar ihrem Weg verschrieben haben. Sie leiden nicht unter dem schlechten Gewissen wie Erwachsene. Und selbst wenn sie schon ein bisschen älter sind und (zumindest verstandesmäßig) wissen, dass sie sich Gedanken darüber machen sollten, was andere Leute wollen, sind sie sehr gut darin, diesen Gedanken beiseite zu schieben.

Eine der erfolgreichsten kindlichen Techniken ist die *chinesische Wasserfolter* (siehe Seite 50). Wenn ein Kind oft genug „Ich will ..." sagt, kann es damit sogar den Widerstand der starrköpfigsten Erwachsenen überwinden. Und Kinder scheinen die Effektivität dieser Technik instinktiv zu kennen. Letztlich ist sie auch nur eine Weiterführung des Baby-Verhaltens zu weinen und zu weinen und zu weinen, bis es die Aufmerksamkeit erhält, die es wünscht. Der große Fehler, den wir Erwachsene machen, besteht darin, die einfachen Dinge der Kindheit zu übersehen und uns auf scheinbar überlegene Verhaltensweisen zu konzentrieren. Aber oft gewinnen die einfachsten Tricks.

Eine weitere interessante Fassette des Streitverhaltens kleiner Kinder besteht darin, dass es ihnen schwer fällt Vernunft einzusetzen, sie das aber keineswegs daran hindert, kraftvoll und effektiv zu streiten. Mühelos erfinden sie „Fakten", die ihnen in den Kram passen, und zitieren „Autoritäten", um sich Rückendeckung zu verschaffen. Die Tatsache, dass solche Tricks leicht zu durchschauen sind, wenn Kinder sie benutzen, sollte unsere Wachsamkeit gegen Erwachsene schärfen, die sich ebenfalls darauf verlegen. Tut ein Kind, das sagt: „Das stimmt, weil mein Vater es gesagt hat", etwas so viel anderes als ein Anwalt, der seinen „Experten"-Zeugen aufruft?

Kindern beim Streiten zuzuhören, ist eine der besten Möglichkeiten mitzubekommen, wie diese Strategie funktioniert. Kinder lassen die ganze Schönfärberei weg, die Erwachsene benutzen, um ihr Verhalten zu rechtfertigen, und konzentrieren sich auf das einzig entscheidende „Ich will".

Aggressives Streiten

Manchmal kann Streiten gewalttätig werden. Streng genommen sind solche unangenehmen Zwischenfälle eigentlich kein Streit mehr. Ein aggressiver Streit ist im Grunde ein Kampf, der nach einer Rechtfertigung sucht, um zu beginnen. Das Szenario ist bekannt. Zum Beispiel: Zwei Männer versuchen dieselbe U-Bahn zu erwischen und stoßen in der Tür zusammen. Jeder will zuerst einsteigen, sie drängeln und schubsen, die Türen gehen zu, der Zug fährt ohne sie davon. Jetzt sind beide bereit zu einem aggressiven Streit. Der jüngere Mann knurrt dem älteren deutlich hörbar etwas Unflätiges entgegen, woraufhin der sagt: „Entschuldigen Sie, würden Sie das bitte wiederholen?" – „Ja, ich habe gesagt, Sie sind ein *****!" Dann folgen einige Äußerungen, mit denen jeder der Männer versucht den anderen dazu zu bewegen, die Grenze zwischen verbalem und physischem Streit zu überschreiten oder sich zurückzuziehen. Das kann eine Weile dauern oder gleich zu einem Faustkampf führen. Auf jeden Fall streiten diese Männer eigentlich nicht wirklich, sondern sie führen das durch, was man bei niederen Primaten Drohgebärden nennt. Das Problem derartiger Situationen besteht darin, dass die beiden Beteiligten sich nicht ohne Gesichtsverlust zurückziehen können. Und, falls keiner nachgibt, sie andererseits aber auch nicht kämpfen wollen, ziehen sie sich nur langsam zurück, starren einander an und schimpfen auf eine Art und Weise, die man normalerweise von seiner Mutter verboten bekommen hat. Wer versucht sich einzumischen und die beiden bittet, vernünftig zu sein, begibt sich in Gefahr ihre gesammelte Wut auf sich zu ziehen.

Alles hat zwei Seiten

Ein Anwalt im alten Griechenland, sein Name war Protagoras, wird üblicherweise als derjenige genannt, der die Idee hatte, dass es auf jede Frage zwei Antworten gäbe. Aber stimmt das? Denn wenn es so wäre, ist das natürlich wichtig für jeden, der über den Inhalt eines Streites nachdenkt. Wenn wir diese Annahme akzeptieren, können wir alle Vorstellungen von richtig und falsch gleich über Bord werfen und uns bleibt nichts anderes als konturlose Beliebigkeit, aufgrund derer ein Streit wirklich nicht mehr ist als die zusammenprallenden Meinungen der Streitenden.

Ein Großteil unserer täglichen Erfahrungen scheint Protagoras' Sicht zu bestätigen. Wir hören eine Stellungnahme und finden sie vielleicht ganz überzeugend, nur um wenig später einem ähnlich überzeugenden Gegenargument zu begegnen, das uns erneut in Zweifel stürzt. Die bekanntesten derartigen Fälle sind politische Debatten, in denen die Gezeiten der Argumente hin- und herfluten, ohne dass jemals eine endgültige Schlussfolgerung in Sicht wäre. Ein noch besseres Beispiel ist die Wirtschaftspolitik. Alle einigermaßen informierten Erwachsenen haben versucht die Wirtschaft zu verstehen. Sie haben vielleicht den Experten zugehört, um irgendetwas zu begreifen, aber irgendwann haben sie genervt aufgegeben, als sie herausgefunden haben, dass jedem Experten, der eine Theorie vertritt, ein anderer gegenübersteht, der ebenso begründet die gegenteilige Ansicht vertritt.

An anderer Stelle in diesem Buch habe ich betont, wie wichtig es ist die Fakten zu kennen. Fakten aber sind aalglatte kleine Biester und haben die Angewohnheit überraschend aufzutauchen. Wie zum Beispiel in diesem Gespräch zwischen meinem Freund Liam und mir.

„Wusstest du", sagte Liam, „dass die Iren das einzige Volk Europas sind, das niemals Juden verfolgt hat?"
„Wirklich?" Ich war beeindruckt. „Liegt das an eurer lässigen keltischen Toleranz?"
„Überhaupt nicht. Es liegt an unserer katholischen Bigotterie. Wir haben sie einfach nie ins Land gelassen!"

Entscheidend ist, dass Tatsache eins (angenommen, sie ist wahr) einen bestimmten Eindruck vermittelt und als unterstützend bei einem Streit über die irische Toleranz zitiert werden könnte. Tatsache zwei vermittelt jedoch, wenn sie enthüllt wird, den absolut gegenteiligen Eindruck und könnte entsprechend von der Gegenseite verwandt werden.

Dies ist kein abstraktes Thema. Es hat große Auswirkungen auf unser aller Leben. Schlimmer noch: In letzter Zeit ist die Tendenz zu glauben, einander widersprechende Ansichten seien im Grunde nur Alternativen von etwa gleichem Wert, so stark geworden, dass viele Leute gar nicht mehr wirklich wissen, ob sie überhaupt noch irgendeine Meinung haben dürfen.

Diese Verwirrung verschlimmerte sich mit dem Aufkommen der politischen Korrektheit noch. Niemand mit gesundem Menschenverstand wird wirklich dafür sein, behinderte Menschen zu beleidigen, indem er sie „Krüppel" nennt, oder Homosexuelle zu verletzen, indem er sie als „Schwuchteln" bezeichnet. Immer aufmerksamer werden wir auch anderen Merkmalen wie Geschlecht, Rasse und Alter gegenüber, bei denen eine gedankenlose Bemerkung ebenfalls beleidigend wirken kann. Aber dieser aktuelle Ausbruch der Sensibilität sorgt auch für neue Probleme. Zuerst einmal sind manche neuen Bezeichnungen oft unbeholfen und lächerlich. Es ist sicherlich völlig in Ordnung von „Menschen mit Down-Syndrom" zu sprechen, statt sie als „Mongos" zu bezeichnen, aber können wir wirklich ernsthaft sagen: „Die vertikal Herausgeforderten?" Andererseits: Wer würde es heute noch wagen „Zwerg" zu sagen?

Viel problematischer wirkt sich jedoch die Tatsache aus, dass immer mehr Themen überhaupt nicht besprochen werden dürfen, weil ein Streit an sich schon politisch inkorrekt wäre. Können Schwarze rassisch intolerant sein? Es wäre sicher nicht schwierig Zwischenfälle aus aller Welt zu sammeln, um einen solchen Vorwurf zu belegen, aber die politisch korrekte Antwort ist schlicht und ergreifend „Nein". Das führt zu einem ernsthaften Problem. Sobald es nicht mehr akzeptabel ist unbeliebte Positionen zu beziehen, selbst wenn die Zensoren glauben, aus den hehrsten Motiven heraus zu agieren, ist die Demokratie in Gefahr. Ein Streit ist nicht nur ein emotionales Sicherheitsventil, das es Menschen erlaubt ohne Gewaltanwendung Dampf abzulassen, es sorgt auch für die Gesundheit der Gesellschaft, wenn selbst die inakzeptabelsten Positionen gehört werden dürfen.

Unser Englischlehrer in der Schule, der aus einer Zeit stammte, in der man sich politische Korrektheit nicht einmal in seinen schlimmsten Albträumen vorstellen konnte, glaubte fest daran, wie wichtig es sei die eigene Streitfähigkeit zu entwickeln. Er bestand auf dem intellektuellen Wert einer Diskussion und ließ uns unsere Formulierungskunst schärfen, indem er regelmäßig Debatten im Klassenzimmer abhielt. Dabei achtete er sorgfältig darauf, wer welche Meinung vertrat und woran glaubte, und er fand großes Vergnügen daran, jedem eine Rolle zuzuteilen, die unseren persönlichen Ansichten klar entgegengesetzt war. Er zwang überzeugte Sozialisten die Politik der Konservativen zu verteidigen und ließ bornierte Nationalisten für die Abschaffung der Einwanderungsgesetze Position beziehen. Das tat er nicht aus Bosheit, sondern aus der tiefen Überzeugung heraus, dass wir in der Lage sein sollten in jeder Situation unsere Position zu verteidigen. Er kannte dabei keine Grenzen und erreichte einen Gipfel, als er einen Jungen namens Salomon anwies die Rolle Hitlers zu übernehmen und seine neu gegründete Nazipartei gegen einen anderen Jungen zu verteidigen, der die lauen Demokraten der Weimarer Republik vertrat. Heutzutage würde die Presse Wind von so einem Vorfall bekommen und der Lehrer müsste froh sein, wenn man ihn nicht steinigte. Damals aber herrschten härtere Zeiten und er erwartete, dass wir die Möglichkeit nutzten unserem Intellekt die Schärfe eines Rassiermessers anzutrainieren. Salomon war kein Spielverderber und am Ende der Debatte hatte er seinem demokratischen Gegner gezeigt „was eine Harke ist“.

Das Problem besteht darin, dass Streit ein so nützliches Werkzeug ist und uns – von einem Experten gehandhabt – von beinahe allem überzeugen kann. Selbst wenn Sie glauben etwas wirklich vollkommen durchdacht zu haben und genau zu wissen, wo Sie stehen, ist es durchaus möglich, dass jemand kommt und Ihre lieb gewonnene Meinung erschüttert.

Nehmen wir als Beispiel etwas, das als einigermaßen sicheres Thema gelten kann. Jeder weiß, dass solche Dinge wie Chips und Pommes frites schlecht für Kinder sind, oder? In gesundheitsbewussten Zeiten wie diesen ist das beinahe schon eine religiöse Überzeugung vieler Mittelklasse-Eltern.

Und jetzt lesen Sie einmal, was Professor Donald J. Naismith vom Institut für Ernährung und Diätlehre am King's College, Universität London, in einem Brief an den *Independent* im Januar 1994 dazu beisteuerte:

> Sehr geehrte Damen und Herren,
> in Ihrem Artikel „Preissenkungen zu Gunsten von ungesundem Essen" (11. Januar) berichten Sie über den Angriff der Ernährungskommission auf das fehlgeleitete – wenn nicht sogar zynische – Verhalten der Supermärkte, so genanntes „Junk Food" billiger anzubieten als „gesundes" Essen. Die aufgelisteten Speisen sind besonders bei Kindern beliebt, die bekanntlich sehr spezielle Vorlieben und Abneigungen haben, die, wie die meisten Eltern feststellen, mit Beginn des Erwachsenwerdens verschwinden. Kinder preiswerter ernähren zu wollen ist nur zu verständlich.
> Etwa fünf Prozent aller Kinder leiden an Übergewicht. Demzufolge sind die allermeisten Kinder nicht übergewichtig. Im Gegenteil: Immer mehr Kinder wachsen zu wenig und haben Untergewicht aufgrund zu geringer Energiezufuhr (nicht etwa mangelnder Vitamine oder Mineralien). Der Grund dafür ist Armut. Da die Kalorienzufuhr größte Auswirkungen auf das Wachstum hat, ist die Wahl preiswerter und energiedichter Nahrungsmittel (wie beispielsweise Pommes frites) anzuraten. Die Preise ballaststoffreicher, brennwertarmer Früchte und Gemüse zu senken, wäre wenig hilfreich.
> Die Behauptung, dass die aufgelisteten Nahrungsmittel „weniger wert" seien, führt in die Irre. Weniger wert als was? Hamburger aus erstklassigen Steaks und Fischstäbchen aus unzerkleinertem Kabeljau könnten von höherem Nährwert sein, würden aber zweifellos auch deutlich mehr kosten. Ist ein Glas Mineralwasser einer Dose Erfrischungsgetränk (140 Kalorien) überlegen? Ist ein Apfel (47 Kalorien) besser als eine Tüte Chips (164 Kalorien), die nicht nur mehr Ballaststoffe bietet als ein Apfel, sondern zudem auch einen größeren Anteil der nichtoxydierenden Vitamine C und E aufweist und als hervorragende Quelle für Kalium gilt, einem Mineral, das Krämpfen vorbeugen soll?
> Die Menschen sind für eine Form der Gesundheitserziehung empfänglich, die Rücksicht auf die sozio-ökonomische Realität nimmt, durch welche die Auswahl an Nahrungsmitteln eingeschränkt ist. Zudem sollte sie einfach verständlich sein. Den Laien beeindrucken vielleicht

die Auflistungen der Inhaltsstoffe, aber sein Alltag ändert sich dadurch nicht. Druck durch die Preisgestaltung wird die Essgewohnheiten nicht ändern, nicht einmal die Erwachsener, und der dogmatische Ansatz der Ernährungskommission erzeugt eher Ablehnung, keine Aufklärung.
Sollten die Supermärkte sich dennoch entscheiden die Preise für Lebensmittel zu senken, die möglicherweise Arteriosklerose verhindern, darf ich dann vorschlagen, mit den Tafelweinen zu beginnen?

Und nun? Gibt es nichts, worüber man nicht streiten kann? Gibt es keine ultimative Wahrheit, die wir erkennen könnten? Ist die ganze Welt nur Treibsand endlos wechselnder Meinungen? Ich habe über diese Frage mit einem jungen Freund gesprochen, der eiligst darauf hinwies, dass wenigstens die wissenschaftlichen Wahrheiten zweifelsfrei sind. „Wirklich?“, fragte ich. „Aber selbst die Wissenschaftler sind doch andauernd verschiedener Meinung und werfen Theorien um, die die meisten Leute bereits als Fakten betrachtet haben?“

„Oh, natürlich“, sagte mein Freund, „aber es gibt Bereiche, in denen wir wirklich sicher sind die Wahrheit gefunden zu haben. Beispielsweise wissen wir jetzt, dass die Erde rund ist und um die Sonne kreist. Nichts wird das jemals verändern, weil wir es absolut zweifelsfrei bewiesen haben.“

Das war ein interessanter Gedanke. Sicherlich hatte er Recht und wenn das so ist, gibt es tatsächlich unbezweifelbare Fakten und Protagoras hatte Unrecht. Manche Fragen können so eindeutig geklärt werden, dass sie keine zwei Seiten mehr aufweisen.

Ich befragte den Wissenschaftler Brian J. Ford danach. Er hat in mehreren seiner Bücher entsprechende Fragen behandelt und er hat eine überraschende Sicht davon, wie wir wissenschaftliche Streits wahrnehmen. Was ist mit der mittlerweile widerlegten Theorie, dass die Erde flach sei? Sicherlich hat doch die Entdeckung der Tatsache, dass die Welt eine Kugel ist, dieser Sache ein Ende bereitet?

„Absolut nicht", versicherte er mir. „Die Vorstellung, dass die Welt rund ist, hielt sich nicht lange. Erst mal haben wir erkannt, dass die Erde etwas abgeflacht und oval ist. Sie ist überhaupt keine Kugel. Dann stellte sich heraus, dass an einer Seite eine Beule war. Jetzt, wo wir von Satelliten aus Messungen vornehmen können, wird uns klar, dass

> die angeblich runde Kontur der Erde Hügel und Täler aufweist. Es gibt Stellen, an denen der Meeresspiegel unnatürlich hoch liegt, an anderen liegt er tiefer. Die moderne Vorstellung der Erde ist oval, aber mit vielen leichten Erhöhungen und Tälern an allen möglichen Stellen. Letztlich sieht die Erde eher wie eine zerdrückte Grapefruit als wie eine Kugel aus."

Und ist es möglich, dass einige der alten wissenschaftlichen Ansichten trotz allem ein bisschen Wahrheit in sich tragen? Brian J. Ford ist fest davon überzeugt.

„Die ersten Benutzer von Mikroskopen sind davon ausgegangen, dass im Kopf eines Spermiums ein ganzer Mensch stecken müsste", sagte er. Das war die so genannte Homunculus-Theorie. Aus moderner Sicht wirkt sie sehr überholt, beinahe mittelalterlich. „Aber letztlich hatten sie Recht", erklärt Ford. „Obwohl uns das wirklichkeitsfremd erscheint, ist der Grundgedanke nicht von der Hand zu weisen. Und jetzt wissen wir, dass sie tatsächlich Recht hatten – im Kopf jedes Spermiums steckt ein Mensch. In codierter Form, als DNA, aber der Mensch ist tatsächlich da drin, genau wie diese Gelehrten es vorausgesagt haben. Ab und zu sollte uns klar werden, dass mehr Sinn als Unsinn in den frühen Vorstellungen der Wissenschaft steckt. Die heutige Wissenschaft kann noch viel von den Ansichten der Vergangenheit lernen."

Es scheint also doch eher, als hätte Protagoras Recht. Das sind vielleicht schlechte Nachrichten für die Sucher der Wahrheit, aber es sind sehr gute Nachrichten für Streithähne. Denn es heißt, dass man einen Streit unendlich weiterführen kann, so lange man einfallsreich genug ist.

An diesem Punkt sind wir jedoch wahrhaftig in Gefahr in den öden Treibsand von Meinung und entgegenlautenden Tatsachen abzurutschen. Schlimmer noch, das ganze Thema Streit könnte vollkommen philosophisch abgehandelt werden. Wo, seufzen wir traurig, endet die Tasse und beginnt die Untertasse? An dieser Stelle kommt Polizeiwachtmeister X auf den Plan. „Hätten Sie etwas dagegen mir zu sagen, wo Sie am letzten Freitagabend um sieben Uhr dreißig waren, Sir?" Keine sonderlich interessante Frage, aber eine, die eine Tatsachen-Antwort verlangt. Man kann sich vorstellen, dass der Beamte nicht allzu begeistert von der Antwort wäre: „Nun ja, Herr Wachtmeister, das hängt alles davon ab, was Sie mit 'wo' meinen. Ich meine, 'wo' in Bezug auf was?"

Es gibt immerhin große Fakten und kleine Fakten. Die großen sind vielleicht nicht ganz fassbar und man kann sie auf mehr als eine Art interpretieren, aber die kleinen kann man einigermaßen präzise festnageln. Wenn Sie also beispielsweise jemanden fragen: „Wer sind Sie?", wären Sie nicht gerade zufrieden mit der Antwort: „Ja, das habe ich mich auch gerade gefragt!" Hier ist ein Name erforderlich. Und wenn Sie den Namen erst einmal haben, sind Sie möglicherweise in der Lage zu überprüfen, ob er echt ist oder nicht. Philosophische Fragestellungen haben damit nichts zu tun.

Später in diesem Buch werde ich noch betonen, wie wichtig es ist, dass Ihre Fakten stimmen und dass Sie darauf bestehen, dass auch die Ihres Gegners korrekt sind. Und obwohl mir bewusst ist, dass Fakten Probleme mit sich bringen, gibt es doch keinen Ersatz dafür, die besten und präzisesten Informationen zu sammeln, mit denen Sie Ihre Argumentationen stützen können. Das ist die Munition, die Ihnen hilft jeden Krieg zu gewinnen.

Streit in anderen Kulturen

Üblicherweise werden Sie, wenn Sie mit jemandem zu streiten beginnen, und obwohl Ihnen das vielleicht nicht bewusst ist, mit demjenigen in weit mehr Dingen übereinstimmen als nicht übereinstimmen. Das sind die kulturellen Einflüsse, die Sie gemein haben.

Erstens sprechen Sie – wortwörtlich – dieselbe Sprache, dadurch werden sprachliche Missverständnisse unwahrscheinlicher. Zweitens haben Sie eine ganze Kultur gemein und Ihre kulturellen Bezüge werden verständlich sein. Drittens spielen Sie das Streit-Spiel nach denselben Regeln: Sie stimmen darin überein, was fair ist, Ihnen beiden ist klar, was Sie sagen und nicht sagen können ohne unhöflich zu wirken, und Sie werden beide den Moment erkennen, wenn ein Streit sich aus Diskussion in Aggression verwandelt.

Wenn Sie jedoch mit Leuten aus anderen Kulturen streiten, nützen all diese Konventionen nichts, die Sie so gut verstehen, wenn Sie mit ihren eigenen Leuten zu tun haben. Worte ändern ihre Bedeutung, Gesten werden missverstanden, wichtige Bedeutungsnuancen gehen verloren. Es ist, als führen Sie mit dem Auto durch dichten Nebel und die Unfälle können auch ähnlich vernichtend sein.

Vor einigen Jahren war ein Brite mit seinem Vater auf Zelturlaub in Frankreich. Eines Nachts wurde der Vater brutal ermordet und die französische Polizei hatte den Sohn im Verdacht. Beim Verhör fragten sie ihn, ob sein Vater und er am Abend vor dem Mord „un discussion" geführt hätten. Er bestätigte sofort, dass sie den ganzen Abend damit verbracht hatten zu diskutieren – bloß war ihm nicht klar, dass das Wort im Französischen für einen bösen Streit steht.

Unglücklicherweise gibt es so viele derartige Fallen, dass es einer Enzyklopädie bedürfte sie alle aufzuführen. Aber es gibt einige außerordentlich wichtige Unterschiede, die Sie im Kopf behalten sollten, wenn Sie mit Vertretern anderer Kulturen streiten.

Die Briten und – wenn auch etwas weniger – die Amerikaner empfinden Streit als unhöflich und versuchen, zumindest theoretisch, ihn wenn möglich zu vermeiden. In Großbritannien hören Sie dauernd, wie Leute sich den Mund fusselig lügen, nur um zustimmend zu klingen und einen Streit zu vermeiden. International hat ihnen das, was sie als natürlichen Takt begreifen, einen zweifelhaften Ruf eingetragen. Für ausländische Ohren wirkt die britische Indirektheit, deren Zweck es ist niemanden zu beleidigen, wie der gerissene Versuch das Thema zu wechseln. Selbst ihre nächsten Verwandten, die Amerikaner, glauben, das sei wahr. Was denken Sie, warum die Gauner in amerikanischen Fernsehfilmen so oft mit britischem Akzent sprechen?

Briten und Amerikaner streiten völlig unterschiedlich. Wenn Briten verhandeln, tun sie das auf verhältnismäßig informelle Art. Selbst wichtige Verträge werden oft bloß mündlich geschlossen. Das führt sofort zu einem Problem. Es ist nicht so, als hätten die Briten etwas gegen juristische Formalitäten, aber unter den falschen Umständen auf ihnen zu bestehen, sähe so aus, als vertrauten sie dem anderen nicht. Schlimmer noch, sie könnten den Eindruck hinterlassen, dass sie die Sache gleich unterschrieben haben wollen, weil sie ihr Gegenüber reingelegt haben und hoffen, dass derjenige es erst merkt, wenn die Tinte trocken ist.

Schlimmer noch, in Großbritannien ist es üblich, dass am Ende alle Beteiligten zufrieden sind. Ein Kompromiss ist immer noch das wahrscheinlichste Ergebnis eines britischen Streites, insbesondere einer Verhandlung. Zu versuchen den Gegner niederzustrecken und dann auf ihm herumzutrampeln, ist unüblich. Wenn Sie jedoch versuchen in Amerika Geschäfte zu machen, werden Sie überrascht sein. „Entweder-oder", das ist eine übliche

Frage, die jeder kennt, der geschäftlich den Atlantik überquert hat. Natürlich meinen die Amerikaner das nicht so, sonst würden sie ja nie zu einer Einigung kommen. Das Problem besteht darin, dass sie *klingen*, als meinten sie es; und das britische Streitvokabular enthält nicht die rechten Worte, um diese Blockade zu durchbrechen. Amerikaner erwarten, dass man für etwas kämpft, was man will. Wenn man in die USA fährt, ist es notwendig viel aggressiver zu argumentieren, als es zu Hause toleriert würde. Um den preußischen Militärstrategen Clausewitz (falsch) zu zitieren: Sie betrachten Geschäfte als Krieg mit anderen Mitteln.

Interessanterweise legen die Amerikaner dieses aggressive Streiten vor allem im beruflichen Bereich an den Tag, nicht so sehr im Alltag. Das sorgt für weitere Verwirrung, denn viele Besucher können überhaupt nicht verstehen, warum diese netten Menschen, die so viel freundlicher und zugänglicher sind als die Leute daheim, sich in solche Schurken verwandeln, kaum dass sie in einen Anzug schlüpfen. Der Verdacht der Doppelzüngigkeit liegt hier nahe.

Wenn Missverständnisse schon zwischen Leuten auftreten können, die so eng verwandt sind wie Briten und Amerikaner, welche Hoffnung trägt uns dann, wenn wir mit einem wirklich Fremden streiten?

Auch in vielen anderen Ländern ist es weit verbreitet außerordentlich aggressiv zu streiten. Die Franzosen, die Streitereien geradezu als Freizeitvergnügen betrachten, pflegen etwas, das sie *la queulade* nennen (*la queule* ist ein Schimpfwort für „Gesicht"; üblicherweise benutzt man es bei Tieren, es sei denn, man legt es auf eine Schlägerei an). Wenn ich es richtig verstanden habe, besteht *la gueulade* darin, gezielt unhöflich zu jemandem zu sein, oftmals einem völlig Fremden, und zwar in der Hoffnung darauf, einen Streit vom Zaun zu brechen, der am Ende allen Beteiligten großes Ver gnügen bereitet. Ein Streit als Zeitvertreib ist jedoch für Nichtfranzosen unverständlich. Natürlich ist es auch bei uns völlig in Ordnung unterschiedliche Meinungen zu vertreten, aber man tut dies mit großer Rücksicht auf die Empfindlichkeiten des anderen. Das gallische Äquivalent erscheint uns so anziehend wie ein Damenringkampf.

Aber all diese relativ klaren Aussagen kontrastieren noch viel stärker mit den Gepflogenheiten in einigen orientalischen Ländern, in denen jedwede Form gegensätzlicher Meinungen als tödliche Beleidigung aufgefasst wird. Als ich in Thailand lebte, war eines der ersten Dinge, die meine Freunde mich lehrten, „das Ja, das Nein heißt". Eine Frage wie: „Möchten Sie nächsten Freitag zu meiner Party kommen?“, muss stets bejaht werden, selbst wenn Sie eine einwandfreie Entschuldigung haben nicht zu kommen. „Es tut mir sehr leid, aber meine Frau ist überfahren worden und ich muss auf die Beerdigung gehen“, ist keine akzeptable Entschuldigung. Es gibt keine akzeptablen Entschuldigungen. Es gibt höfliche Formulierungen, die Sie einsetzen können und mit denen Sie sich bei ihrem potenziellen Gastgeber außerordentlich herzlich dafür bedanken, dass er Sie eingeladen hat, und zum Ausdruck bringen, wie sehr Sie sich auf das große Fest freuen. Dennoch ist er darauf vorbereitet, nicht unbedingt einen Platz für Sie freihalten zu müssen.

Für die Thais ist es auch ausgesprochen schwierig eine andere Meinung kundzutun, ohne jemanden zu beleidigen. Ihnen fehlt das westliche Repertoire unfreundlicher Bemerkungen, die anderen klarmachen, dass man auf einen Streit zusteuert. Einer ihrer Lieblingsausdrücke ist *chai yen* oder „kaltes Herz“. Das heißt, dass man selbst unter schwierigsten Bedingungen die Ruhe bewahrt und es wird als außerordentlich erstrebenswertes Charaktermerkmal angesehen. Wenn *chai yen* jedoch schließlich zerbricht – und auch Thailänder sind nur Menschen – kann das Ergebnis schrecklich sein. Einmal brachten Studenten ihren Unmut mit den herrschenden Verhältnissen zum Ausdruck, in dem sie eine Puppe des Kronprinzen henkten. Im Westen hätte ihr Verhalten höchstens einige böse Kommentare hervorgerufen. Das hätte jedoch *chai yen* verletzt. Endlich riss den Anwesenden aber doch der Geduldsfaden und sie prügelten die Studenten mit einigen Klappstühlen, die zufällig herumlagen, zu Tode.

Auch die Japaner haben Probleme damit, dass Europäer und Amerikaner sie missverstehen. Es gibt eine beeindruckende – und wahre – Geschichte einer jungen Britin, die als Studentin in Tokio bei einer japanischen Familie lebte. Eines Tages entschied die Familie, dass es Zeit wäre, die Miete zu erhöhen. Sie sprachen mit dem Mädchen und boten ihm auf typisch japanische höfliche Weise an, die Miete zu mindern. Weil sie ignorante Europäerin war, betrachtete sie das Angebot als ernst gemeint und nahm dankbar an. Die Wut kannte keine Grenzen und es dauerte ewig, bevor das arme Mädchen herausfand, was es getan hatte und die Sache in Ordnung bringen konnte.

Wenn Sie in Japan etwas sagen wollen, das möglicherweise als Kritik aufgefasst werden könnte, müssen Sie immer damit beginnen, sich selbst die Schuld zu geben. Ein britischer Ingenieur, dessen Aufgabe darin bestand, japanischen Arbeitern die Funktion der neuen Maschinen zu erklären, beendete seinen Vortrag mit dem üblichen: „Noch Fragen?“ Die folgende Stille wurde nur durch das unglückliche Scharren der Füße begleitet. Der Ingenieur war überrascht. Es kostete die Firma viel Geld, dass er hier die komplizierten Maschinen erklärte, und wenn die Arbeiter keine Fragen stellten, würden sie nie damit umgehen können. Verzweifelt bat er den Übersetzer um Rat. „Ah“, sagte der junge Mann wissend, „Sie haben falsch gefragt. Sie müssen sagen: ‘Ich bin sicher, ich habe das sehr schlecht erklärt, und falls ich noch irgendetwas deutlicher machen könnte, weisen Sie mich bitte darauf hin.’“ Die umformulierte Frage führte zu dem gewünschten Ergebnis.

Und was lehrt uns das? Es ist schlicht und einfach für niemanden möglich Fachmann in all den nationalen Eigenheiten jedes Menschen zu werden, mit dem wir möglicherweise einmal streiten. Aber wenn wir es mit Leuten zu tun haben, die einen anderen kulturellen Hintergrund haben, ist es umso wichtiger, dass wir versuchen auch einmal ihre Position einzunehmen. An anderer Stelle in diesem Buch habe ich darauf hingewiesen, dass es Ihre Überzeugung schwächen kann ein Argument zu genau mit den Augen Ihres Gegners zu betrachten. Aber wenn Sie es mit Leuten zu tun haben, deren Kultur Sie nicht teilen, bleibt Ihnen keine andere Möglichkeit. Wenn es Ihnen nicht gelingt einen gemeinsamen Raum zu schaffen, wird es überhaupt nicht zu einem Streit kommen. Und wenn dieses gute alte Sicherheitsventil einfach abgesperrt ist, werden beide Seiten schnell frustriert sein und hässliche, unproduktive Nervereien sind unvermeidlich.

Unglücklicherweise sind die meisten Leute nicht sonderlich bereit sich auf unbekannte kulturelle Einflüsse einzulassen. Es ist viel einfacher die Leute einfach in Schubladen zu stecken, als dass man zu verstehen versucht, wie sie funktionieren. Deshalb sind viele Deutsche überzeugt, dass die Franzosen wichtigtuerisch sind, die Engländer stocksteif, die Italiener viel zu schnell erregbar – und so weiter.

Aber es zahlt sich aus zu versuchen in die Haut eines ausländischen Gegners zu schlüpfen. Vielleicht verändert sich dadurch sogar die Art des Streites insgesamt. So haben mich meine frankophilen Freunde beispielsweise darauf hingewiesen, dass *la gueulade*, was allein schon wie eine tödliche Beleidigung klingt, in der Absicht durchgeführt wird, eine Diskussion (in unserem Sinne des Wortes) vorzubereiten. Das Ziel ist, eine eigenartige Form der Debatte in Gang zu bringen, auf die die Franzosen so stolz sind, indem man ganz gezielt kontrovers auftritt.

Wenn Sie in ein fremdes Land reisen, wird es sich lohnen zu lernen, wie die Menschen dort streiten und was es zu bedeuten hat. Sie sollten im Kopf behalten, dass Ihre überdurchschnittliche Zurückhaltung den anderen möglicherweise unverständlich bleibt (es sei denn, Sie sind im Orient, wo man Sie als unhöflich und drängend betrachten wird). Wenn möglich, sollten Sie andere Menschen befragen, die das entsprechende Land kennen, um herauszufinden, welche Sitten dort herrschen. Erwarten die Einwohner von Ihnen, dass Sie feilschen oder gilt es als unhöflich? Dürfen Sie offenen Widerspruch wagen oder entspricht das einer Kriegserklärung? Können Sie Ihre Gefühle klar ausdrücken oder müssen Sie sie in höfliche Formulierungen kleiden, damit sie akzeptabel sind? Ein bisschen Recherche macht eine ganze Menge aus.

Siege und Lösungen sind nicht dasselbe

Der ganze Zweck dieses Buches besteht darin, Sie zu lehren, wie Sie einen Streit gewinnen. Aber Sie sollten einen Augenblick darüber nachdenken, was damit gemeint ist. Was hoffen wird durch Streiten zu gewinnen? Auf diese Frage gibt es höchstwahrscheinlich, je nach den Umständen, mehr als eine Antwort. Es gibt zwei grundsätzliche Ergebnisse, auf die wir hoffen können: einen moralischen Sieg oder einen materiellen Gewinn. Der moralische Sieg klingt edel, ist aber in den meisten Fällen das genaue Gegenteil. Auf viele Streitigkeiten lassen wir uns nur ein, um unseren Gegner niederzumachen. Wenn dies der Fall ist, überschattet dieses Ziel alles andere und wird sicher nicht von geringfügigen Einwänden wie Wahrheit, Gerechtigkeit oder sogar dem eigenen Interesse behindert. Streitigkeiten, die auf tief sitzende Feindseligkeiten zurückgehen, werden voll und ganz auf den Ausdruck dieser Gefühle fixiert sein. Die Konsequenzen sind gleichgültig. Ein „Sieg" kann nur darin bestehen, den Gegner zum Rückzug zu zwingen oder vor anderen lächerlich zu machen. Wenn unser Ziel andererseits ein materieller Gewinn ist, kann das, was wir als „Siegen" bezeichnen, noch komplizierter erscheinen. Es ist sehr wohl möglich, dass unter diesen Umständen ein Sieg vollkommen unspektakulär aussieht. Möglicherweise sieht er sogar verdächtigt einer Niederlage ähnlich. Unter Diplomaten heißt es, dass Diplomatie Ergebnisse erzielen soll, nicht Streit gewinnen. Beispielsweise könnten Sie sich auf einen guten Kompromiss einlassen, bei dem Sie weit mehr bekommen, als Sie erhofft hatten, auch wenn es bei weitem nicht das ist, was wie ein Sieg über Ihre Gegner aussieht. Der Parlamentarier John Hume, einer der Initiatoren der Friedensgespräche in Nordirland, wurde einmal nach einem wichtigen Gespräch gefragt, wer in einem bestimmten Punkt „gewonnen" hätte. Seine Antwort ist bedenkenswert: „Wir", sagte er, „betrachten Siege nicht als Lösungen."

Wenn Sie auf materiellen Gewinn aus sind, müssen Sie diesen Gewinn immer im Auge behalten und der Versuchung widerstehen auf Ihrem Gegner herumzutrampeln. Sie können sich sogar dafür entscheiden zu gewinnen, indem Sie es aussehen lassen, als „verlören" Sie den Streit. Die Ehefrau, die immer gewinnt, indem sie ihren Mann glauben lässt, dass er all die guten Ideen hat, ist bereits fester Bestandteil fast jeder Komödie; und wie bei allen Klassikern steckt viel Wahrheit darin. Geschickt zu verlieren heißt gewinnen.

Es gibt auch noch andere Arten des Sieges. Wenn beispielsweise das, was als Streit begonnen hat, sich vertieft, bis es zur ernsthaften Suche nach der Wahrheit wird, dann ist das ein wahrer Sieg. Ähnliches gilt, wenn ein Streit, in dem Leute versuchten einander zu demütigen, nachdem sie genug Dampf abgelassen haben, damit endet, dass sie ihre Meinungsverschiedenheit freundschaftlich beilegen – auch das ist ein Sieg.

Wann man nicht streiten sollte

Nichts ist einfacher als einen Streit vom Zaun zu brechen: Wir sind frustriert und wollen unbedingt jemanden von unserer Sichtweise überzeugen und schon streiten wir. Das gehört so sehr zu unserer Kultur, dass wir nicht einen Augenblick darüber nachdenken. Aber gibt es Situationen, in denen es besser wäre nicht zu streiten? Denken Sie über die folgenden Situationen nach.

Erstens ist es sinnlos mit dem falschen Ansprechpartner zu streiten. Wie oft hat man schon mitbekommen, dass unzufriedene Kunden irgendeinem armen Verkäufer oder einer Empfangsdame das Leben zur Hölle machen?

Oft besteht das Problem gar nicht darin, dass dieser Mitarbeiter langsam, dumm oder unkooperativ war, sondern auf irgendeine Art und Weise hat das Management Schuld. Frustration an der falschen Person auszulassen, ist vielleicht verständlich, aber ungeschickt. Erstens ist es ungerecht und Sie werden später vielleicht selbst nicht glücklich über Ihr Verhalten sein. Zweitens wird derjenige, der wirklich verantwortlich ist, wenn Sie ihn denn endlich erreichen, auf der Hut vor Ihnen sein und Sie haben sich durch Ihr aggressives Verhalten zumindest teilweise selbst ins Unrecht gesetzt.

Es gibt ein paar weitere wichtige Gelegenheiten, bei denen Sie lieber nicht streiten sollten. Vor allem dann nicht, wenn die Möglichkeit besteht, dass der Streit gewalttätig endet. Die Grundregel besagt, dass ein Streit als Sicherheitsventil fungieren sollte, um Gewalt zu vermeiden, nicht als Vorspiel dazu. Aggressive Streitigkeiten (siehe Seite 32) sollten um jeden Preis vermieden werden.

Ein weiterer klassischer Streit, den Sie vermeiden sollte, ist der, den Sie ohnehin verlieren werden. Wenn Sie von vorneherein wissen, dass Ihr Gegner, ganz egal was Sie sagen, nicht zu überzeugen ist, dann sollten Sie sich fragen, ob es sich überhaupt lohnt zu streiten. Das soll nicht heißen, dass Sie Ihre Prinzipien gegen hartnäckigen Widerstand niemals verteidigen dürfen. Aber vergessen Sie eines nicht: Wenn Sie erst einmal einen Streit begonnen haben, verfestigt sich auch der Glaube Ihres Gegners an die Richtigkeit seiner Position. Wenn Sie hingegen auf offene Opposition verzichten, bleiben Ihnen immer noch andere, weniger offensichtliche Taktiken, wie beispielsweise *Sir Humphrey* (siehe Seite 89). Die absolute Ausnahme dazu ist ein öffentlicher Streit. In diesem Fall kann Ihnen völlig egal sein, wie unnachgiebig Ihr Gegner erscheint; es geht nur darum, wie überzeugend Sie auf das Publikum wirken.

Auch sollten Sie vor Beginn eines Streits darüber nachdenken, wie hoch der Preis ist. Recht zu haben ist schön und zu siegen ist noch schöner; aber wie viel ist es Ihnen wert? Nehmen Sie als Beispiel den üblichen Bürostreit mit Ihrem Boss. Sie mögen völlig zu Recht der Meinung sein, dass er wieder einmal unfair und dumm gehandelt hat. Aber wie weit wollen Sie es treiben? Ein Streit ist nicht vorbei, bloß weil den Teilnehmern nichts mehr zu sagen einfällt. Die Konsequenzen können Tage, Monate oder sogar Jahre andauern. Bevor Sie sich wirklich auf einen Streit einlassen, denken Sie über den möglichen Preis nach. Wenn er zu hoch ist, können Sie vermeiden ihn zu zahlen, indem Sie den Mund halten.

Zusammenfassung

- Vergessen Sie nie, dass ein Streit nicht dasselbe ist wie eine Verhandlung. In einer Verhandlung geht es darum, eine Vereinbarung zu treffen; bei einem Streit ist der Sieg das Ziel.
- Vertrauen Sie auf die Berechtigung Ihres Anliegens.
- Ihre Argumente werden wohlwollender aufgenommen, wenn Sie an der Wahrheit interessiert zu sein scheinen. Erwarten Sie aber nicht von Ihrem Gegner, dass er ebenfalls an der Wahrheit interessiert ist.
- Fragen Sie sich, was Ihr Gegner zu gewinnen hat, und werden Sie sich auch über Ihre eigenen Motive klar.
- Wägen Sie Ihren möglichen Gewinn gegen den möglichen Preis dafür ab.
- Bedenken Sie das Ausmaß, in dem Sie und Ihr Gegner emotional in den Streit verwickelt werden könnten, und sorgen Sie dafür, dass die Gefühle nicht die Oberhand gewinnen.
- Beherrschen Sie die Fakten, seien Sie aber nicht zu besserwisserisch, wenn es nicht notwendig oder angemessen ist.
- Verlieren Sie bei einem öffentlichen Streit nicht die Kontrolle, wägen Sie Ihre Worte ab und achten Sie darauf, dass Sie das, was Sie zu sagen haben, in der dafür vorhandenen Zeit sagen. Vergessen Sie nie, dass Ihre Worte aufgezeichnet werden können.
- Recherchieren Sie gründlich, bevor Sie sich auf einen schriftlichen Streit einlassen. Formulieren Sie prägnant und pointiert, überprüfen Sie Ihre Wortwahl. Befragen Sie, wenn nötig, einen Experten.
- Lassen Sie sich niemals auf schriftliche juristische Streitereien ein, es sei denn, Sie sind Jurist.
- Für familiäre Streitigkeiten gilt: „Sagen, was immer du willst, aber gehe nie wütend zu Bett."
- Beobachten Sie Kinder beim Streiten; erinnern Sie sich daran, dass oftmals die einfachste Taktik zum Sieg führt.
- Stellen Sie gut dokumentierte Fakten zusammen, um Ihre Position zu untermauern. Seien Sie sich aber auch darüber im Klaren, dass man Fakten unterschiedlich interpretieren kann.
- Wenn Sie mit jemandem aus einem anderen Kulturkreis streiten, seien Sie sich der möglichen Unterschiede bewusst. Erkundigen Sie sich vorher, wenn Sie ins Ausland reisen.

- Versuchen Sie nicht mit dem Falschen zu streiten. Suchen Sie sich den zuständigen Gegner.
- Vermeiden Sie aggressive Streitigkeiten.
- Beginnen Sie keinen privaten Streit, den Sie ohnehin nicht gewinnen können.

Was Sie für Ihren Sieg tun können

Bislang haben wir über das Streiten an sich gesprochen. Ich hoffe, das hat Ihnen einige interessante Hintergrundinformationen vermittelt. Jetzt kommen wir zum wichtigsten Teil dieses Buches. In diesem Kapitel beschäftigen wir uns speziell damit, was Sie tun können, um einen Streit zu gewinnen.

Ich habe die Liste möglicher Taktiken so umfassend wie möglich angelegt und jede Technik aufgeführt, die nützlich sein könnte. Einige der aufgeführten Tricks sind zweifelsohne fragwürdiger Natur oder sogar ganz eindeutig unmoralisch, aber ich entschuldige mich nicht dafür, sie in die Liste aufgenommen zu haben. Ob Sie sie selbst einsetzen, bleibt Ihre eigene Entscheidung. Aber es ist möglich, dass andere sie gegen Sie einsetzen, und deswegen ist es unerlässlich, dass Sie damit vertraut sind.

Die verschiedenen Taktiken kommen nicht nur isoliert vor. Oft werden sie kombiniert, um eine Art Streit-Strategie zu bilden. Wenn Sie streiten, sollte es Ihr Ziel sein, nicht nur einen Trumpf im Ärmel zu haben, sondern eine Strategie zu planen, die Ihnen mehrere Möglichkeiten offen lässt, falls Ihr erster Versuch fehlschlägt. Außerdem müssen Sie die Umstände des Streites miteinbeziehen, beispielsweise Zeitpunkt, Ort und Umfeld (siehe das Kapitel „Wichtige Rahmenbedingungen“).

Aber sehen wir uns zuerst einmal die Liste an. Ich habe mich bei ihrer Erstellung schamlos der Methode von Eric Berne bedient, dessen Buch *Spiele der Erwachsenen* ein großartiger Beitrag zum Verständnis der Transaktions-Analyse ist. Die verschiedenen Taktiken, die man beim Streiten einsetzen kann, haben Spitznamen bekommen und werden behandelt, als wären sie Elemente eines Spieles. Wie bei Dr. Bernes Arbeit ist dies keineswegs der Versuch etwas zu trivialisieren, das man ernst nehmen sollte. Vielmehr dient es dazu, das Folgende interessanter und einprägsamer darzubieten, denn es ist wichtig, dass Sie das, was Sie übers Streiten gelernt haben, in kritischen Situationen einsetzen können; nämlich dann, wenn Sie in die Enge getrieben und unter Stress gesetzt werden.

Es gibt drei grundlegende Stilarten von Taktiken: offensive, defensive und manipulative. In dieser Reihenfolge werden wir sie behandeln.

Offensive Taktiken

Streiten bedeutet wie jede Form von Kampf den Wechsel von Angriff und Verteidigung. Hier folgen einige bewährte Angriffstechniken, die Sie einsetzen können, um aktiv gegen Ihren Gegner vorzugehen.

Die chinesische Wasserfolter

Wie der Name schon andeutet, geht es hier darum, sich durchzusetzen, indem man das unerträgliche Tropfgeräusch der sagenumwobenen chinesischen Wasserfolter nachahmt. Diese Foltermethode besteht darin, dass man dem Delinquenten unablässig Wasser auf den unbedeckten Kopf oder auf ein darüber gestülptes Metallgefäß tropfen lässt und wird über mehrere Stunden oder Tage hinweg durchgeführt. Kinder sind wahre Meister dieser Technik und alle Eltern werden beschämt zugeben bereits irgendwann dem ständigen und scheinbar nie endenden Gezeter nachgegeben zu haben. Man kann nicht mit ruhiger Vernunft gegen ein Kind ankommen, das pausenlos greint: „Aber ich will ein Eis!“

Auch Erwachsene setzen diesen Trick ein. Die meisten Erwachsenen finden es etwas peinlich immer und immer wieder zu versuchen ihren eigenen Willen gegen offene Opposition durchzusetzen. Aber gerade das macht die *chinesische Wasserfolter* so gnadenlos erfolgreich. Diejenigen, die sie einsetzen, denken einfach nicht darüber nach, was andere von ihnen halten. Sie wollen bloß den Streit gewinnen. Nichts anderes zählt und nichts wird sie von diesem Ziel abbringen. Eine wahre Geschichte wird das verdeutlichen:

Mein alter Freund George, der beharrlichste (und erfolgreichste!) Streiter, dem ich je begegnet bin, arbeitete seinerzeit in einer Druckerei. Als kluger und erfahrener Mitarbeiter erkannte er die Vorteile des Computersatzes zu einer Zeit, in der die meisten anderen Leute immer noch Bleisatz verwendeten. Er war leitender Angestellter und machte daher seinen Chef auf die Neuentwicklungen aufmerksam. Er schlug vor zügig in neue Geräte zu investieren und der Konkurrenz damit ein Schnippchen zu schlagen. Das wurde kühl aufgenommen. Die vorgeschlagene Investition war groß und überhaupt sei diese Mode bestimmt bald wieder vorbei. George ließ nicht locker, kam aber nicht weiter. Er wartete einen Weile und brachte das Thema dann wieder zur Sprache. Noch immer waren die Besitzer der Firma nicht dazu zu überreden, in neue Technologien zu investieren. Nach einer Weile ging Georges Durchhaltevermögen allen auf die Nerven. Als die Vorstandsmitglieder sich zu einer Sitzung trafen, ließen sie ihn rufen und ermahnten ihn, das Thema nicht wieder zur Sprache zu bringen. Eine halbe Stunde später klopfte es an der Tür des Sitzungssaales und George kam herein. „Sie erinnern sich doch noch an das Thema, das ich nie wieder erwähnen sollte? Nun, ich wollte noch einmal nachfragen." Vor lauter Verzweiflung sagten sie ihm, er solle losziehen und seine Geräte kaufen.

Natürlich hätte das auch anders ausgehen können. Vielen Chefs wäre der Geduldsfaden gerissen und sie hätten George gefeuert. Eines der Merkmale eines guten Streiters ist seine Fähigkeit die Stimmung seines Gegners präzise einzuschätzen. Die Erwachsenenversion der *chinesischen Wasserfolter* verfügt über eine Reihe von Varianten. Eine davon besteht darin, in einem lange andauernden Streit schlicht und ergreifend länger durchzuhalten als der Gegner. Das geht auf die eine oder andere Art. Bei der einen folgt man dem Rat von Robert Owen (dem walisischen Sozialreformer): „Streite niemals, wiederhole einfach nur deinen Standpunkt." Das kann jedoch ermüdend werden und aussehen, als würde Ihnen nichts einfallen. Die zweite, etwas schwierigere Methode besteht darin, mit diesem und jenem zu nerven, bis Ihr Gegner die Nase voll hat. Man muss dafür wortgewandt sein und über gute Fachkenntnisse verfügen. Auch ein dritter Weg ist erstaunlich oft erfolgreich. Man versucht dabei mit dem Gegner überhaupt nicht über das Thema zu streiten, zu dem die entgegengesetzten Meinungen bestehen. Stattdessen schweift man endlos ab und redet über alles Mögliche, das fast nichts oder gar nichts mit dem Streitthema zu tun hat, je dämlicher desto besser. Mit etwas Glück gibt der Gegner irgendwann auf und überlässt einem das Feld.

In den 50ern und 60ern, als die Linke ihre Aktivitäten stark ausweitete, bestand eine der erfolgreichsten Taktiken einiger kommunistischer Sympathisanten darin, sich irgendeiner Organisation anzuschließen, beispielsweise einer Gewerkschaft, zu den Treffen zu gehen und die Diskussionen mit endlosen, irrelevanten Geschäftsordnungsanträgen und irgendwelchem anderen Unfug, der völlig unwichtig war und niemanden interessierte, an sich zu reißen. Mit der Zeit langweilten sich alle bis auf die hingebungsvollsten Gegner und verließen die Versammlung, woraufhin die Linken, die nun leichthin die Mehrheit stellten, ihre politische Agenda vorbrachten und zur Sache kamen.

George machte sich eine verfeinerte Version dieser Technik zu Nutze; man nennt sie *Daruma*, nach einem japanischen Weisen gleichen Namens. Wenn Sie je eines dieser kleinen japanischen Stehaufmännchen gesehen haben, die man umkippen kann, so oft man will, und die sich immer wieder aufrichten, wird Ihnen sofort klar, wie diese Methode funktioniert. George akzeptierte einfach nie, dass ein Streit zu Ende war, bis er ihn gewonnen hatte. Obwohl ich ihn in vielen Fällen beim Streiten geschlagen habe, hat er stets bloß ein paar Tage gewartet und dann wieder angefangen. Wenn ich versuchte ihn daran zu erinnern, dass wir dieses Gespräch bereits geführt hatten, gab er vor sich nicht daran erinnern zu können.

Von allen Techniken, einen Streit zu gewinnen, ist die *chinesische Wasserfolter* mit Abstand die effektivste. Wenn Ihnen nur die Anwendung einer einzigen Taktik möglich ist, sollten Sie ganz ohne Zweifel die wählen. Sie ist jedoch nicht so einfach, wie sie klingt. Um länger durchzuhalten als Ihr Gegner, müssen Sie eine brutale Sturheit kultivieren, die Ihnen nicht leicht fallen wird. In dem Augenblick, wo Sie denken: „Wen interessiert das eigentlich?“, haben Sie schon verloren.

Und noch etwas dürfen Sie im Zusammenhang mit dieser Technik nicht vergessen: Sie funktioniert nur, wenn der Streit nicht zeitlich befristet ist. Wenn Sie beispielsweise bei einer Podiumsdiskussion oder in einem Fernsehstudio streiten, werden Sie einem strengen Zeitlimit unterliegen. Darüber hinaus kann es sein, dass es Ihnen nicht gelingen wird den Streit an sich zu reißen und Ihren Gegner daran zu hindern, überhaupt etwas zu sagen, weil ein Moderator eingreift und dafür sorgt, dass die Fairness gewahrt bleibt. Außerdem hilft die *chinesische Wasserfolter* auch nichts bei kurzen Zusammenstößen, bei denen es auf Schlagfertigkeit oder präzise vorgetragene Logik ankommt.

Schlaumeier

Mein alter Freund David Hall von der Universität London führte auf den langen Zugfahrten zur Arbeit zahlreiche freundschaftliche Streitgespräche mit mir. Wenn es einmal so aussah, als würde ich den Sieg davontragen, richtete er sich zu seiner vollen Größe auf und intonierte mit majestätisch dumpfer Stimme: „Also, wenn du jetzt das Thema mit Fakten vernebeln willst, streite ich nicht weiter mit dir." Das bringt uns zu einer weiteren Gewinn bringenden Technik: sich auszukennen.

Wenn Sie vielen Streitgesprächen zuhören, wird Ihnen bald auffallen, wie viele Leute ausgesprochen wenig Ahnung von den Fakten haben. Sie verlassen sich in erster Linie auf ihre eigenen Vorurteile und Neigungen, denen sie dann und wann ausgewählte Informationen aus Zeitungen, Fernsehsendungen und Radionachrichten hinzufügen. Aber Sie können darauf wetten, dass dieses faktische Wissen zumindest löchrig ist und höchstwahrscheinlich sind die meisten der so genannten Tatsachen auch noch falsch.

Jemand, der die Geduld aufbringt sich Fakten, Namen, Zahlen und Daten einzuprägen, verschafft sich damit eine ausgesprochen gute Ausgangsposition, um einen Streit zu gewinnen. Wenn Sie Politiker beobachten, werden Sie merken, was ich meine. Die werden Sie nur selten bei falschen Fakten ertappen, egal wie lächerlich ihre Interpretation dieser Fakten wiederum sein mag. Natürlich verfügen sie Ihnen gegenüber über den Vorteil bezahlte Rechercheure zu haben, die für sie nachschlagen! Aber das Prinzip bleibt gleich: Sie müssen die Tatsachen kennen. Nichts, wirklich gar nichts, wirkt sich destruktiver aus als die Verwendung falscher Tatsachen. Wenn Sie ernst genommen werden wollen, müssen Ihre Sachaussagen stimmen. Darüber hinaus müssen Sie in der Lage sein, Ihre Quellen anzugeben. Es reicht nicht zu sagen: „Neulich habe ich irgendwo gelesen, dass zwei Gläser Rotwein am Tag vor Herzinfarkt schützen." Das ist viel zu vage und ungenau. Sie müssen sagen: „In *The Lancet* vom Februar 1994 hat Dr. Justin Thyme vom St. Swithin's Hospital eine Arbeit veröffentlicht, in der er ausführt, dass eine Studie von 1600 Männern über 50 ergeben hat, dass diejenigen, die regelmäßig zwei Gläser Rotwein am Tag getrunken haben, zu 60 Prozent seltener einen Herzinfarkt erleiden als Nichttrinker gleichen Alters." Merken Sie, wie beeindruckend das klingt? Natürlich habe ich mir diese „Fakten" ausgedacht. Damit es funktioniert, müssen Sie auf echte Informationen zurückgreifen. Seien Sie aber darauf vorbereitet, dass Ihr Gegner mit einem anderen Bericht aufwartet, der das Gegenteil behauptet. (Es ist nie schwer Experten zu finden, die verschiedener Meinung sind!) Aber mithilfe Ihrer eigenen Fakten sind Sie wenigstens in der Lage die Ihres Gegners anzuzweifeln. Wenn Sie aber überhaupt keine kennen, haben Sie gleich verloren.

Der offensichtliche Nachteil von *Schlaumeier* besteht darin, dass dafür in der Tat sehr harte Arbeit vonnöten ist. Wenn Sie diese Technik regelmäßig einsetzen wollen, müssen Sie viel lesen, nachschlagen und ein ausgezeichnetes Gedächtnis für Details haben. Darüber verfügt nicht jeder. Wahrscheinlich kann niemand sich so gut vorbereiten, dass er alle Fakten und Zahlen für jeden Streit, in den er verwickelt werden könnte, bereit hat.

Aber nehmen wir einmal an, Sie hätten Zeit und Gelegenheit vor einem Streit Fakten zu sammeln. Ihre nächste Aufgabe besteht darin, diese Fakten vernünftig anzuordnen. Ihre Argumentation muss logisch von einem Punkt zum nächsten fließen und ohne Stolpersteine zum gewünschten Ergebnis führen. Benutzen Sie einen Streit niemals als Möglichkeit laut zu denken und Ihre Beweisführung zu überprüfen. Das zeigt nur, dass Sie nicht ausreichend nachgedacht haben und immer noch versuchen sich selbst über Ihre Position klar zu werden. Das wirkt auf Ihren Gegner nicht sonderlich beeindruckend. Verbieten Sie sich auch jede Abschweifung. Wenn Sie die Möglichkeit haben, sollten Sie Ihre Beweisführung einmal an einem Freund ausprobieren, bevor es ernst wird. Suchen Sie sich jemanden, dessen analytisches Vermögen Sie beachtenswert finden.

Es ist sehr wichtig zwischen Fakten und Meinungen zu unterscheiden. Das mag offensichtlich erscheinen, ist aber häufig ein Problem. Es ist vollkommen in Ordnung bei einem Streit eine Meinung anzuführen, solange Ihnen klar ist, was Sie da tun. Wenn Sie über besondere Kenntnisse in dem Bereich, über den Sie sprechen, verfügen, dann mag Ihre Meinung sogar von Ihrem Gegner ernst genommen werden. Aber wenn Sie einfach nur etwas nachplappern, was Sie anderswo aufgeschnappt haben, bloß weil es ihre eigenen Vorurteile bestätigt, ist das weit weniger beeindruckend. Aussagen, die mit den Worten „Jeder weiß doch, dass …“ anfangen, sind Meinungen, keine Tatsachen. Was jeder weiß – oder was alle glauben zu wissen –, ändert sich von Zeit und Zeit und hat höchstwahrscheinlich nur wenig mit Fakten zu tun. Einstmals wussten alle, dass die Erde flach war. Natürlich ist das lange her und jetzt sind die Leute viel weiter, oder? Vielleicht auch nicht. Ich kann mich noch an eine Zeit erinnern, in der viele Leute zu „wissen“ glaubten, dass Schwarze dumm, schmutzig und faul sind. Diese Leute hielten das für eine unzweifelhafte Tatsache und wären absolut schockiert gewesen, wenn man ihnen gesagt hätte, dass man diese „Tatsache" dreißig oder vierzig Jahre später anzweifeln würde. Eine Tatsache ist nur dann eine Tatsache, wenn man sie mit harten Beweisen stützen kann. Und selbst dann können Probleme auftreten.

In der heutigen Zeit sind viele Bereiche so komplex geworden, dass selbst Menschen, die versuchen der Entwicklung zu folgen, in Schwierigkeiten geraten. Nehmen wir nur einmal ein so umfassendes Thema wie die Vor- und Nachteile der Europäischen Union. Wie viele Menschen verstehen wohl, worum es eigentlich geht? Kennen Sie jemanden, der den Maastrichter Vertrag tatsächlich gelesen hat? Wie viele Leute können etwas so Kompliziertes wie die gemeinsame Landwirtschaftspolitik auch nur zusammenfassen (geschweige denn beurteilen)? Sehr wenige, möchte ich annehmen. Dennoch ermuntern die Politiker uns regelmäßig uns unsere Meinung „aufgrund der Fakten" zu bilden. Aber wenn Sie das versuchen, geraten Sie an so viele einander entgegengesetzte Positionen, dass Sie völlig verzweifeln können. Die meisten von uns stützen daher verständlicherweise einen Großteil ihrer Meinungen auf Annahmen statt Fakten. Nicht aus Mangel an gutem Willen, sondern weil wir einfach nicht die Zeit oder die Möglichkeit haben uns über all die Dinge wirklich gründlich zu informieren, die wir verstehen sollen.

Ein Problem besteht darin, dass Sie sehr leicht in eine Situation geraten können, wo einfach keine harten Fakten zur Verfügung stehen und Sie gern eine einfache Lösung hätten. Das kommt denjenigen zupass, die Sie mit wohlklingenden, aber schwachen Argumenten überreden wollen.

In so einem Fall kann es sich als hilfreich erweisen, den *umgekehrten Schlaumeier* zu spielen, wobei man sich darauf konzentriert, Fehler in den Sachaussagen des Gegners auszumachen. Die beste Möglichkeit ist die, ihn zu zwingen alles zu rechtfertigen, was er sagt. Wissen Sie noch, wie Ihre Großmutter sagte: „Wenn du oft genug 'Warum' fragst, hört die Welt auf, sich zu drehen."? Es funktioniert! Wenn Sie mir nicht glauben, versuchen Sie es einmal an sich selbst. Nichts macht einem Streitenden größere Schwierigkeiten, als wenn die Grundlagen dessen, was er sagt, ständig infrage gestellt werden.

Sie sollten regelmäßig üben argumentative Lücken in dem zu finden, was die Leute im Radio oder Fernsehen sagen, oder in Artikeln, die Sie in der Zeitung lesen. Die meisten Leute lassen Behauptungen einfach über sich ergehen, ohne weiter darüber nachzudenken. Aber wenn Sie sich angewöhnen Fakten mit kritischem Blick zu betrachten, fällt Ihnen bald auf, dass der Öffentlichkeit andauernd alle möglichen lächerlichen Behauptungen hingeworfen werden, ohne dass sich auch nur der geringste Widerstand regt. Erinnern Sie sich stets an die Grundfragen Was?, Warum?, Wann?, Wie?, Wo? und Wer? Gewöhnen Sie sich an diese Fragen ständig zu stellen.

Während ich dies schreibe, sind die Zeitungen voller Geschichten von Menschen, die Schaden genommen haben, weil sie sich von Bühnenhypnotiseuren haben bearbeiten lassen. In etlichen Fällen sollen Leute schreckliche Konsequenzen erlitten haben. Ein Mann soll sich nach einer Hypnose sogar wieder benehmen wie ein Achtjähriger. Aber es fehlen auffällig viele Fakten. Welcher Mann? Nirgends steht sein Name. Wer hat denn dann die Geschichte ans Licht gebracht? In einigen Zeitungen steht, dass seine Schwester „im Namen der Familie“ mit der Presse gesprochen hätte. Aber die Schwester hat auch keinen Namen, ebenso wenig wie die Familie. Wie lautet der medizinische Befund? Darüber liegen keine Informationen vor. Wurde er ärztlich untersucht? Es steht nicht in der Zeitung. Es wirkt sehr unwahrscheinlich, dass ein gesunder Mensch dauerhaft wieder zum Kind werden kann, aber in keinem der Artikel, die ich gelesen habe, wurden Psychologen, Ärzte oder Hypnotiseure nach ihrer Meinung befragt. Als ich jedoch im Zug saß und eine Zeitung las, hörte ich auf einem benachbarten Sitz jemanden sagen: „Ist es nicht schrecklich, was diese Hypnotiseure einem antun können? Schau dir nur mal den armen Kerl an, über den sie in der Zeitung schreiben. Das hältst du doch im Kopf nicht aus!“

Ich habe keine Ahnung, wie es sich in diesem speziellen Fall mit der Wahrheit verhält, aber es wird klar, dass in vielen Zeitungsberichten wichtige Fakten fehlen. Wenn Sie mit jemandem über dieses Thema streiten und er mit den schwammigen Hörensagen-Argumenten aufwartet, die in der Zeitung stehen, hätten Sie keine Schwierigkeiten seine Argumentation in Stücke zu reißen.

Verlangen Sie stets präzise Details. Fragen Sie immer nach der Quelle der Fakten. Fragen Sie immer, ob die Tatsachen der Wahrheit entsprechen. Das ist das Rüstzeug des erfolgreichen Streiters.

Ich wurde einmal im Radio über psychometrische Persönlichkeitstests interviewt. Der Fragesteller stand dem gesamten Konzept sehr feindselig gegenüber, insbesondere als ich ausführte, dass die Persönlichkeit nicht ein für alle Mal festgelegt sei wie beispielsweise die Schuhgröße und daher einer der Vorteile der Übungen in der Möglichkeit bestünde Charakterfehler auszubügeln. Aber, sagte er eisig, Freud hätte doch wohl bewiesen, dass die Persönlichkeit in den ersten paar Lebensjahren endgültig festgelegt würde. Würde ich also nicht treuherzige Mitbürger zu dem Glauben verführen, sie könnten unmögliche Veränderungen durchmachen? Da ich Freud gelesen hatte, war ich recht sicher, dass er das nie gesagt hatte. Überhaupt bestand der ganze Sinn seiner Technik der Psychoanalyse ja exakt darin, es den Patienten zu ermöglichen ihren neurotischen Persönlichkeitsschäden zu entkommen. Mein Gegner hatte sich dieses Argument offensichtlich ausgedacht. Deshalb fragte ich ihn, in welcher von Freuds Schriften er diese erstaunliche Feststellung gefunden hätte. Er brauste etwas auf und als den Hörern deutlich geworden war, dass er keine Ahnung hatte, wovon er redete, schlug ich treuherzig vor, dass er vielleicht die Freuds verwechselt hätte. Vielleicht habe er etwas von Clement gelesen, dem Kochkunst-Autoren, oder von Emma, dem TV-Star. Der, den er meinte, sei jedoch Sigmund, der Psychoanalytiker.

Wenn es um Tatsachen geht, ob sie nun Ihre Meinung unterstützen oder die Ihres Gegners, sollten Sie sich zuallererst auf die bereits erwähnten sechs Grundfragen verlassen. Ebenso wichtig ist es, dass Sie über die Motivation nachdenken. Es reicht nicht zu wissen, woher eine Tatsache kommt oder was sie impliziert; Sie müssen auch herausfinden, welches Motiv denjenigen bewegt, der diese Tatsache ins Spiel gebracht hat.

Wenn Sie beispielsweise in der Zeitung einen Bericht lesen, in dem steht, eine neue Studie habe erwiesen, Zucker sei für Ihre Zähne überhaupt nicht so schädlich wie bisher angenommen, sind Sie vielleicht erleichtert. Toll, gehen wir was Süßes essen! Aber Moment mal! Wenn Sie genau hinschauen, entdecken Sie vielleicht ganz unten in dem Artikel, dass er zwar von den Professoren Dingsbums und Ratzfatz (zwei führenden Ernährungsexperten) geschrieben wurde, dass die Untersuchung aber von der Süßwaren-Industrie bezahlt wurde. Hmm! Nicht mehr ganz so beeindruckend. Viele Berichte in der Presse zitieren ihre Quellen nicht eindeutig genug und der unvorsichtige Leser macht sich möglicherweise ein falsches Bild.

Es lohnt sich auch darauf zu achten, wie die Informationen dargeboten werden. Vergleichen Sie die Berichte in zwei landesweiten Zeitungen. In einem Wirtschaftsblatt steht, dass die Zinsen um einen halben Prozentpunkt angehoben werden sollen. Eine Boulevard-Zeitung, die der Wirtschaft nur wenig Platz einräumt, versucht der Geschichte etwas Dramatisches abzugewinnen, indem sie ihren Lesern verkündet: „Der Finanzminister schikaniert Hauseigentümer mit wahnwitzigen 0,5 Prozent Zinsanhebung." Die Fakten sind in beiden Fällen gleich, die Auslegung ist vollkommen unterschiedlich.

Mit Wissenschaft blenden

Sie haben sicher schon einen dieser Werbespots im Fernsehen gesehen, in dem eine Schauspielerin, die *„Kosmetikexpertin"* genannt wird, sich einen weißen Kittel anzieht und überzeugend von den Wundern erzählt, die Proteine oder Liposome oder irgendetwas pH-Neutrales in diesem oder jenem kosmetischen Produkt vollbringe. Dann wissen Sie auch sofort, was es heißt, *mit Wissenschaft zu blenden*. Dieses Vorgehen scheint auf den ersten Blick eng verwandt mit dem *Schlaumeier* zu sein, aber der entscheidende Unterschied besteht darin, dass der *Schlaumeier* die Fakten einsetzt, um den Streit rationaler werden zu lassen, derjenige, der *mit Wissenschaft blendet*, jedoch genau das Gegenteil vorhat. Deshalb ist es wichtig, dass Sie sich auch gut mit dem *umgekehrten Schlaumeier* auskennen. Wer *mit Wissenschaft blendet*, ist durch Forderungen nach der Begründung seiner Behauptungen sehr verwundbar. Seine Stärke besteht darin, dass es ihm gelingt ehrbar zu klingen, selbst wenn er den größten Blödsinn erzählt. Wenn Sie skrupellos genug sind, ist es ausgesprochen einfach Fakten solange hin- und herzudrehen, bis etwas vollkommen Unsinniges klingt wie die Wahrheit.

Werbeleute und Politiker sind die beste Quelle derartiger Argumente und es ist nicht schwer ausreichend viele Beispiele zu finden. Sie können einfach sein, aber auch sehr komplex. Idealerweise sollte man beim *Blenden mit Wissenschaft* imposant klingende Daten verwenden, je technischer, desto besser und das mit einem Auftreten kombinieren, das klarstellt, dass der Redner ein ausgewiesener Experte für das jeweilige Thema ist. Alternativ können Sie sich natürlich auch für eine einfache, schamlose Lüge entscheiden. Eine bekannte Schokoladenfirma beispielsweise brachte einen ihrer Schokoriegel mit dem Aufdruck heraus: „Neue Supergröße". Tatsächlich war er kleiner.

Papagei

Sehr eng verwandt mit dem *Schlaumeier* ist die Technik die Fehler des Gegners auszumachen und sich strahlend auf sie zu stürzen. Wie wir gesehen haben, ist kaum etwas so vernichtend wie bei einem faktischen Irrtum erwischt zu werden (insbesondere, wenn es relativ klar aufgezeigt werden kann, dass der Irrtum absichtlich erfolgte). Wenn Sie einen solchen Fehler erst einmal gefunden haben, nutzen Sie jede Gelegenheit darauf herumzureiten, entweder vor einem Publikum oder in der Öffentlichkeit allgemein, und zwar so zornig, wie es Ihnen möglich ist. Ihr Verhalten muss implizieren, dass niemand, der einigermaßen bei Verstand ist, jemandem trauen kann, der mit Fakten derart unsicher umgeht.

Wenn Sie virtuose *Papageien*-Spieler sehen wollen, müssen Sie sich bloß mal eine politische Talkshow ansehen, wo Politiker das Spiel mit großer Fertigkeit darbieten.

Wenn Ihr Opfer ein erfahrener Streiter ist, wird es jedoch nicht stillsitzen, während Sie ihn wegen seiner Inkompetenz verhöhnen. Er wird mit dem Vorwurf kontern, dass Sie die ganze Sache (entweder aus Dummheit oder Boshaftigkeit, am besten aus beiden Gründen) missverstanden haben.

Wenn erfahrene Spieler eine Partie *Papagei* beginnen, kann das länger als Monopoly dauern.

Guter Bulle und böser Bulle

Wenn Sie jemals auch nur einen einzigen dieser Filme gesehen haben, in denen ein knallharter Polizist und ein freundlicher Polizist einen Verdächtigen abwechselnd verhören, wissen Sie, wie diese Technik funktioniert. Obwohl sie in Filmen und Romanen schon viel zu oft verwandt wurde, ist sie in der wirklichen Welt immer noch im Einsatz und kann genauso effektiv ausfallen wie eh und je.

Für diejenigen, die nie auch nur einen einzigen Krimi gesehen haben – es geht so: Statt es nur mit einem Gegner zu tun zu haben, trifft man auf zwei (oder mehr). Einer ist selbstbewusst und aggressiv, er stellt unangenehme Fragen und versucht Sie einzuschüchtern und unter Druck zu setzen. Sein Partner ist der gute Bulle, er tritt scheinbar freundlich auf und versucht Ihnen seinen Kompagnon vom Hals zu halten und eine Chance zu geben. Er geht manchmal sogar so weit Ihre Meinung zu teilen. Im Grunde spielt er eine Unterart von *Kumpel* (siehe dort).

Der gute Bulle aber ist überhaupt nicht so nett, wie es scheint. Er hofft, dass Sie sich ihm zuwenden, weil Sie dem Druck des bösen Bullen nicht mehr standhalten können und emotional weich genug werden seinem Vorschlag zuzustimmen. Die beiden können gleichzeitig oder abwechselnd arbeiten. In letzterem Falle wird der gute Bulle übernehmen, nachdem der böse Bulle alles getan hat, um Sie weich zu klopfen. Er wird Ihnen irgendetwas einigermaßen Glaubhaftes erzählen. Vielleicht sagt er, dass der böse Bulle ein echtes Schwein ist, dass ihn alle hassen und dass der Hauptkommissar nur zu ihm steht, weil er sein Schwiegersohn ist. Er wird Ihnen anbieten Sie vor dem bösen Bullen zu schützen, aber nur, wenn Sie „vernünftig" sind. Das kann bedeuten, dass Sie gestehen, einem lausigen Geschäft zustimmen oder auf irgendeine andere Art und Weise Ihre Recht abtreten.

Wenn Sie weiterhin Widerstand leisten, kann der gute Bulle plötzlich ungeduldig werden und damit drohen den bösen Bullen von der Leine zu lassen. In einem anderen Szenario holt der gute Bulle plötzlich eine überraschende Information hervor – man nennt das einen *Sandsack* (siehe dort) – und erschlägt Sie damit, wenn Sie es am wenigsten erwarten. Sie sollten dem guten Bullen auf keinen Fall trauen. Er ist nicht nur eine Ratte, sondern eine heuchlerische Ratte.

Der beste Gegenangriff besteht darin, die Sache klarzustellen. Wenn Sie Ihren Gegnern deutlich machen, dass Sie das Spiel durchschauen, wird es nahezu unmöglich weiterzuspielen. Wenn es Ihnen dann noch gelingt, dass sie sich schämen, weil sie versucht haben Sie mit so einem alten Trick reinzulegen, können Sie gleich zwei Punkte für sich verbuchen.

Sandsack

Dieses Verfahren habe ich gerade im Zusammenhang mit *guter Bulle und böser Bulle* erwähnt, aber es kann auch bei jeder anderen Technik als Ergänzung verwandt werden.

Der *Sandsack* ist ein Sammelbegriff für alle überraschenden Informationen, mit denen Sie Ihren Gegner treffen können. Die Effektivität dieser Methode ist enorm unterschiedlich; sie hängt immer davon ab, worin der *Sandsack* besteht.

Nehmen wir einmal an, Ihr Nachbar hat sich bei der Polizei über laute Musik bei Ihnen beschwert und sagt Ihnen das. Er hofft, dass er Sie dazu bringen kann, die Musik abzuschalten, indem er Ihnen mitteilt, dass er eine Beschwerde gegen Sie eingereicht hat. Sie jedoch haben einen Freund bei der Polizei, der Ihnen insgeheim gesagt hat, dass die Beamten bereits mehrfach bei Ihrem Nachbarn waren und überhaupt keine Lärmbelästigung haben feststellen können. Inoffiziell betrachtet die Polizei Ihren Nachbarn bereits als Schwachkopf. Wenn Sie diese nette Kleinigkeit ins Gespräch einfließen lassen, wird Ihr feindseliger Nachbar vom Sandsack erschlagen.

Natürlich können Sie nicht bei jedem Streit, in den Sie geraten, über Geheiminformationen verfügen. Dennoch ist es überraschend, wie nützlich es sein kann, sogar über einigermaßen unnütze Wissensbruchstücke zu verfügen, solange Ihrem Gegner nur unbekannt ist, dass Sie darüber verfügen. Wenn Sie solche Kleinigkeiten so gezielt einsetzen, dass Sie darauf hindeuten, dass Sie über zahlreiche Kontakte verfügen und genauestens Bescheid wissen, werden Sie bemerken, dass Ihr Gegner Ihnen mit größerem Respekt begegnet.

Der größte Fehler, der einem beim *Sandsack* unterlaufen kann, besteht darin, entweder falsche oder veraltete Informationen zu benutzen. Das darf Ihnen auf keinen Fall passieren. Für einen Streitenden ist das, als ob er auf einer Bananenschale ausrutscht. Ihr Ansehen wird nach so einem Sturz schwer beschädigt sein.

Hier bestimme ich

Diesen Trick lieben vor allem Politiker, aber es kann ihn jeder einsetzen, der in einen öffentlichen Streit verwickelt wird. Ein routinierter Spieler hält sich strikt an sein Programm und betrachtet den Gegner und seine Einwürfe höchstens als gesellschaftlich notwendiges Übel. Obwohl er die Fragen seines Gegners mit kurzen Antworten bedenkt, benutzt er sie im Grunde als Sprungbrett für eigene ausführliche Erklärungen. Mit aller Kraft bemüht er sich die gesamte Konversation an sich zu ziehen und gleichzeitig seinen Gegner daran zu hindern, seine Sicht der Dinge darzulegen. Wenn der Gegner Widerspruch wagt, wird der Spieler von *Hier bestimme ich* mit empörter

Stimme dröhnen: „Darf ich bitte ausreden!" und für alle Welt sieht es aus, als wäre er der Benachteiligte. Selbstgerechtigkeit ist eine zwingende Notwendigkeit für versierte Spieler.

Hier bestimme ich ist für private Streitigkeiten nicht sonderlich gut geeignet, weil diese zeitlich normalerweise nicht begrenzt sind und beide Spieler solange weiterkämpfen können, bis alles gesagt ist. Aber wie wir bereits gesehen haben, zeichnet sich ein öffentlicher Streit unter anderem durch zeitliche Befristung aus. Deshalb kann derjenige Spieler, der den Großteil dieser Zeit für sich in Anspruch nimmt, einen Vorteil für sich verbuchen. Vergessen Sie auch nicht, dass die Spieler in einem öffentlichen Streit in Wahrheit nicht versuchen einander zu überzeugen, sondern sich nur für ihr Publikum interessieren. Eine gute Partie *Hier bestimme ich* wird dem Publikum die Vorteile der Position des einen Spielers nahe bringen und gleichzeitig alle anderen Beteiligten wirkungsvoll daran hindern, zu viele störende Fragen zu stellen.

Wenn Sie das Spiel lernen wollen, lohnt es sich beinahe jedem beliebigen Politiker zuzusehen. Die britische Premierministerin Thatcher ist als eine der wirklich guten Spielerinnen der letzten Jahre in Erinnerung geblieben, aber selbst sie verblasst im Vergleich zu ihrem Vorgänger Harold Macmillan. In den Nachkriegsjahren, als Wohnungsbau sehr weit oben auf der politischen Agenda stand, gelang es Macmillan den Eindruck zu erwecken, dass er nie an irgendetwas anderes dachte. Jede Frage, die die Presse ihm stellte, egal zu welchem Thema, provozierte ihn zu einer Bemerkung über die Großartigkeit des staatlichen Wohnungsbaus. Das Verrückte an *Hier bestimme ich* liegt darin, dass es zwar die ganze Zeit über offensichtlich ist, dass einer der Spieler trickst, die Situation sich am Ende jedoch dennoch zu seinem Vorteil entwickelt.

Freund vom Chef

Damit ist die Methode gemeint, über jemanden hinwegzugehen, wenn Sie das Gefühl haben, nicht das gewünschte Ergebnis zu erzielen. Man kann sich durchaus fragen, ob das – streng genommen – noch zum Sieg in einem Streit führt. Normalerweise würde man eher sagen, dass es ein Davonlaufen vor dem Streit bedeutet. In diesem Buch aber geht es um Ergebnisse und auch *Freund vom Chef* erzielt, wenn man die Technik geschickt einsetzt, das gewünschte Ergebnis. Natürlich müssen Sie nicht wirklich ein Freund des Chefs sein, um dieses Spiel zu spielen (obwohl es hilft). Sie müssen sich bloß an den Vorgesetzten desjenigen wenden, der für Ihr Problem verantwortliche ist und sich beschweren. Im besten Falle haben Sie einen vernünftigen Grund sich zu beschweren. Wenn die Person, mit der Sie sich gestritten haben, Sie bewusst schikaniert, ist das beispielsweise ein hervorragender Grund über sie oder ihn hinwegzugehen. Aber in vielen Fällen benutzen manche Menschen (insbesondere diejenigen, die sich als besonders wichtig empfinden) diese Technik auch, um die weiter unten auf der Erfolgsleiter zu ärgern. Der Erfolg oder Nichterfolg dieses Vorgehens hängt vor allem von dem jeweils zuständigen Chef ab. Wenn er zu den Leuten gehört, die in jedem Fall hinter ihrer Mannschaft stehen, bekommen Sie wahrscheinlich eine ablehnende Antwort. Viele Chefs aber finden es erstaunlich glaubwürdig, dass ihre Leute faul, unhöflich und inkompetent sind und werden alle derartigen Beschwerden bereits im Augenblick ihres Vorgetragenwerdens als bewiesen ansehen.

Diese Technik lässt sich hervorragend mit *Kumpel* (siehe Seite 81) kombinieren. Sie wenden sich an den Chef und machen deutlich, dass Sie als wichtige und viel beschäftigte Persönlichkeit seine Probleme nur zu gut verstehen. Selbstverständlich glauben Sie keinen Augenblick, dass er für die grauenhafte Behandlung, die seine Untergebenen Ihnen haben angedeihen lassen, verantwortlich ist. Stattdessen tun Sie ihm den Gefallen, ihn über diese Sache zu informieren und ihm die Chance zu geben den Ruf seines Geschäfts zu retten. Das klingt vielleicht schmierig und abgefeimt. Ist es auch. Aber es funktioniert.

Dampfwalze

Das ist die aggressivste aller offensiven Taktiken und die Tatsache allein, dass Sie dieses Buch lesen, bedeutet möglicherweise, dass Sie nicht in der Lage sind *Dampfwalze* zu spielen. Es ist schlicht und ergreifend der Versuch sich den Weg zum Sieg durch die schiere Kraft der Persönlichkeit zu bahnen. Dies ist eine Technik, die energiegeladene, dominante und, in der Regel, erfolgreiche Menschen einsetzen. Der Journalist Brian Appleyard hat die *Dampfwalze* gut beschrieben, als er über Andrew Neil, den ehemaligen Herausgeber der *Sunday Times* schrieb:

„Neil erscheint zu einem Messerkampf mit Gewehr, verliert selten einen Streit und ist nie um eine Antwort verlegen. Seine Konferenzen sind berüchtigt und seine Persönlichkeit strahlt einen so verwirrenden Charme aus, dass er, selbst wenn er offensichtlich Unsinn redet, aufgrund der schieren Gewalt seiner Gegenwart Recht zu haben scheint. Und im Fernsehen ist das normalerweise alles, was zählt."

Wenn es Ihnen gelingt *Dampfwalze* effektiv zu spielen, dann werfen Sie dieses Buch weg oder schenken Sie es einem weniger durchsetzungsfähigen Wesen, das es braucht. Wenn nicht, können Sie dann etwas dagegen tun? Ehrlich gesagt, wahrscheinlich nicht viel. Es könnte Ihnen gelingen als *Schlaumeier* einige Punkte zu sammeln. Es kann Ihnen sogar gelingen Ihren Gegner mit dem *Sandsack* zu treffen. Aber die Leute, die *Dampfwalze* spielen, sind normalerweise professionelle Streiter, und obwohl Sie es vielleicht schaffen das eine oder andere Spiel zu gewinnen, werden Sie keinen völligen Sieg für sich verbuchen können. Selbst wenn solche Streit-Typen gegeneinander antreten, ist es ungewöhnlich, dass einer dabei schlapp macht. Wenn Sie Politiker im Clinch mit Fernseh-Reportern sehen, wird Ihnen auffallen, dass der Politiker vollkommen Unrecht haben kann, dass ihm aber trotzdem nie die Worte fehlen und es ihm immer noch gelingt kraftvoll und sinnvoll zu klingen, egal was er redet. Der beste und einzige Rat unter diesen Umständen ist: Spielen Sie nicht über Ihren Möglichkeiten.

Verrückter Hund

Leute, die *Dampfwalze* spielen, sind normalerweise intelligent und sprachgewandt, obwohl sie die Aggression genießen. *Verrückter Hund* ist ein enger Verwandter von *Dampfwalze*, aber verlangt weniger Kenntnisse. In einfachen Worten ausgedrückt ist der *verrückte Hund* schlichte Tyrannei. Leute, die dieses Spiel spielen, werden rot im Gesicht, schlagen mit der Faust auf den Tisch und brüllen. Wenn Sie versuchen zu widersprechen, schreien sie bloß lauter und hoffen, dass Sie Angst bekommen. Dieses Verhalten ist krass, aber wie bei anderen Formen der Tyrannei funktioniert es oft genug, sodass eine bestimmte Art von Menschen es gerne einsetzt. Auf einen *verrückten Hund* zu reagieren, indem Sie selbst laut werden, ist keine gute Idee. Entweder lassen Sie sich auf einen unproduktiven Brüllwettbewerb ein oder Sie geraten sogar in einen Kampf. Keines von beiden ist eine gute Möglichkeit zu gewinnen.

Die einzige effektive Gegenwehr gegen den *verrückten Hund* besteht darin, den Sturm vorbeiziehen zu lassen und den Gegner dann mit den anderen Techniken, die Sie gelernt haben, auszutricksen. Denken Sie daran, dass selbst ein Wirbelsturm irgendwann vorbeigeht; und selbst der hingebungsvollste *verrückte Hund* kann unter Kontrolle gebracht werden, obwohl es vielleicht nicht einfach ist.

Leute, die versuchen sich auf diese Art durchzusetzen, sind normalerweise schwach, was die Fakten angeht und besitzen keine Ausdauer. Ein Gegenangriff eines *Schlaumeiers*, der zusätzlich die *chinesische Wasserfolter* beherrscht, wird oft Erfolg haben. Obwohl es schwierig ist, wird es den Aggressor wahrscheinlich auch außerordentlich irritieren, wenn Sie ganz gelassen bleiben. Das kann ihn schlimmer treffen als eine Faust ins Gesicht – vor allem wenn es vor Publikum stattfindet, weil er dann billig und hohl wirkt.

Hörensagen

Dies ist eine ausgesprochen effektive, aber durch und durch unehrliche Technik, die Sie vielleicht selber einsetzen wollen, die Sie vor allem aber unbedingt erkennen müssen, wenn sie gegen Sie verwandt wird.

Eine ehrbare Version des Hörensagens benutzen Journalisten. Sie werden eine Frage oft mit der Phrase einleiten: „Man könnte sagen, dass …“ oder: „Aber was ist mit denjenigen, die einwenden …“. Das ist eine absolut ordnungsgemäße Art und Weise eine alternative Sichtweise zu formulieren. Der Journalist bringt vielleicht nicht seine eigene Position vor, sondern spielt den Advocatus Diaboli oder tritt als Stellvertreter der Öffentlichkeit auf, indem er gegensätzliche Positionen zur Sprache bringt und den Interviewten bittet seine Haltung zu rechtfertigen.

Aber es gibt eine ausgesprochen schlitzohrige Version, bei der sich Ihr Gegner dahinter verschanzt, was andere Menschen – normalerweise anonym – über Sie gesagt haben.

„Ich selbst glaube es ja nicht, aber die Leute sagen, dass Sie Ihre Frau schlagen. Natürlich denkt niemand auch nur für einen Augenblick, dass das stimmt, aber manche Leute sagen, dass sie Sie bei der einen oder anderen

Gelegenheit sogar dabei gesehen haben. Ist es nicht schrecklich, was die Leute reden?“

Das Problem beim *Hörensagen* ist die schiere Unmöglichkeit sich dagegen zu verteidigen. Je schärfer Sie gegen das protestieren, was man Ihnen vorwirft, desto deutlicher wird Ihr Gegner betonen, dass er Ihnen voll und ganz zustimmt. Und dann wird er fröhlich damit fortfahren weitere, noch skurrilere Vorwürfe zu erheben, wohl wissend, dass Sie sich dagegen nicht wehren können.

Sie können natürlich die Position beziehen, das, was anonyme Quellen behaupten, sei wertlos und wenn jemand Ihnen etwas vorzuwerfen habe, solle er es Ihnen ins Gesicht sagen. Aber es ist schwer derartigen Angriffen zu entkommen. Ihr Gegner wird nur noch intensiver darauf bestehen, dass er wirklich und wahrhaftig auf Ihrer Seite ist und Ihnen voll und ganz zustimmt. Dies ist eine feige Taktik, die zu den wirklich schmutzigen Tricks zählt, aber weil sie so oft Erfolg hat, wird sie mit großer Wahrscheinlichkeit nicht aussterben.

Verkehrte Psychologie

Die meisten Menschen haben von *verkehrter Psychologie* gehört, aber falls Sie nicht dazu zählen: Es geht darum, jemanden hereinzulegen, indem man ihn dazu bringt zu tun, was man will, während man behauptet das Gegenteil anzustreben. Verwirrt?

> Eine Weile hatten wir Probleme damit, unseren kleinen Sohn zum Baden nach oben zu bekommen. Was immer ich auch palaverte, er rannte weg, versteckte sich und schrie, wenn ich versuchte ihn zu fangen. Also verbot ich ihm einfach nach oben zu kommen: „Alexander, bleib unten!“, rief ich. „Kannst du nicht sehen, dass ich zu tun habe? Ich hab einfach keine Zeit im Bad mit dir zu spielen. Nein, tut mir Leid, kann ich nicht. Papa muss viel arbeiten.“ Am Ende gab ich – zögernd – nach und erlaubte ihm als besonderes Bonbon, nur dies eine Mal, in die Badewanne zu steigen. Erstaunlich, wie gut das funktioniert hat. Selbst als er ein wenig älter und klüger war und elterliche Ränke besser durchschaute, fiel es ihm sehr schwer der Versuchung eines absoluten Verbots zu widerstehen.

Wenn Sie glauben, das Erwachsene auf solche Tricks nicht reinfallen, werden Sie überrascht sein. Es funktioniert bei Leuten, die sich für besonders clever halten, ganz genauso gut. Aber damit es funktioniert, müssen Sie ein guter und überzeugender Schauspieler sein. Ein bisschen Hinterlist ist auch förderlich. Anstatt selber vorzuschlagen, wovon Sie nicht wollen, dass Ihr Gegner es tut, können Sie beispielsweise versuchen jemand anders, der tatsächlich diese Meinung vertritt, diese Aufgabe übernehmen zu lassen. Ist Ihnen zum Beispiel schon aufgefallen, dass bei den Berichten über einen Sex- oder Gewaltfilm jede Menge Leute moralisch auftrumpfen und den Film voll und ganz verdammen? Und was passiert? Alle Welt läuft natürlich ins Kino. Man könnte vermuten, dass die moralische Empörung vielleicht das eine oder andere Mal sogar gewünscht wird und dass die Journalisten quasi im Dienste der Filmfirma agieren.

Natürlich besteht bei der *verkehrten Psychologie* die Gefahr, dass Sie Ihren Gegner falsch einschätzen und ihn tatsächlich von den Vorteilen Ihrer Pseudo-Position überzeugen. Man kann eben nicht immer gewinnen.

Clown

Den *Clown* hat mir eine franko-kanadische Freundin beigebracht, als ich noch sehr jung war und gerade meinen ersten Job angenommen hatte.

> Mein Boss war ein alter, trockener Hagestolz, der nie Kinder gehabt hatte, junge Leute nicht verstand und dem die Tatsache, dass ich einen Universitätsabschluss hatte und er nicht, überhaupt nicht passte. Wir kamen nicht miteinander klar. Trotzdem war er der Boss und es stand in seiner Macht mein Leben außerordentlich unangenehm zu gestalten, was er mit viel Einfallsreichtum auch tat.
> Eines Abends erzählte ich meiner Freundin davon. „Du hast Angst vor ihm, nicht wahr?", fragte sie. Witzigerweise hatte ich das noch gar nicht bedacht. Ich war davon ausgegangen, dass ich ihn hasste und beneidete, aber als ich darüber nachdachte, musste ich zugeben, dass er mich ängstigte.
> „Also machst du es so", sagte sie. „Jedes Mal, wenn er dich zu sich hineinruft, musst du dir vorstellen, wie er auf dem Klo sitzt und bösen Durchfall hat. Du wirst erstaunt sein, wie gut das funktioniert. Wenn

du dir erst mal klar gemacht hast, dass er lächerlich ist, wirst du nie wieder Angst vor ihm haben. Und sobald du aufhörst Angst vor ihm zu haben, kannst du ihm entgegentreten und er weicht zurück." Ich versuchte es – und es funktionierte. Ich kann nicht behaupten, dass der Boss über Nacht zu Wachs in meinen Händen wurde. Aber ich brachte immerhin genügend Mumm auf, um den Widerspruch zu wagen. Ich wies ihn darauf hin, dass seine Abneigung gegen mich persönliche Gründe hatte und nicht mit irgendwelchen Fehlern zusammenhing, die ich bei der Arbeit machte. Er protestierte kleinlaut und behauptete routinemäßig das Gegenteil. Aber von diesem Moment an ließ er mich in Ruhe.

Seitdem habe ich den *Clown* in vielen Fällen eingesetzt, obwohl ich Moniques Version für meinen Geschmack mittlerweile ein bisschen freudianisch finde. Aber das Prinzip ist immer noch gut: Alles, was Ihnen hilft Ihren Gegner als lächerlich zu betrachten, wird Ihre Position stärken. Wenn es Ihnen bei einem öffentlichen Streit sogar gelingt Ihren Gegner vor den Augen der Zuschauer lächerlich zu machen, umso besser.

Eine Variation des *Clowns*, die jeder einsetzen kann, heißt *Marcel Marceau*; sie wurde nach dem französischen Pantomimen benannt. Wenn Sie am Telefon streiten, drücken Sie Ihr Angewidertsein durch den Gegner mimisch aus. Schneiden Sie Grimassen, machen Sie nach Herzenslust obszöne Handzeichen; er kann Sie nicht sehen. Gesten, die Sie bei einem Zusammentreffen von Angesicht zu Angesicht zu gewalttätig oder rüde fänden, können Sie am Telefon sehr erfolgreich einsetzen. Erlauben Sie sich die absolute Freiheit Ihres Ausdrucks. Strecken Sie die Zunge raus, zeigen Sie den Finger, seien Sie so kindisch, wie Sie wollen. Sie werden feststellen, dass die stumme Darstellung Ihrer Gefühle es Ihnen ermöglicht in den allermeisten Fällen die Ruhe zu bewahren.

Eine andere Form des *Clowns* heißt *Fliegenklatsche* und wird am erfolgreichsten in öffentlichen Streitgesprächen eingesetzt. *Fliegenklatsche* ist ein einfacher Trick, den Stegreifkomiker oft einsetzen, um störende Zwischenrufer ruhig zu stellen. Wenn Sie zu den glücklichen Menschen gehören, die mit flinkem Witz und einer scharfen Zunge gesegnet sind, wird es Ihnen stets gelingen sich eine passende schneidende Bemerkung auszudenken, die Ihren Gegner zurückwirft. Wenn Ihnen das schwer fällt, sollten Sie den Rat der Komiker beherzigen und sich ein kleines Repertoire vernichtender Bemerkungen anlegen, auf die Sie augenblicklich zurückgreifen können. Aber seien Sie vorsichtig: Sie müssen Ihren Vorrat regelmäßig erneuern, damit die Bemerkungen immer frisch klingen. Eine müde alte Entgegnung, die man schon einmal von Ihnen gehört hat (oder die so oft im Fernsehen benutzt worden ist, dass sie ohnehin jeder kennt), wird Ihnen nicht viel weiterhelfen.

Außerdem ist es absolut entscheidend, dass Ihre Schmähung passt. Nehmen wir einmal an, eine ältere Frau kommt in Ihr Büro, um sich über etwas zu beschweren, aber sie ist viel unhöflicher, als die Beschwerde es rechtfertigt. Wenden Sie sich jetzt an Ihr Publikum, lächeln Sie sardonisch und bemerken Sie: „Drei Millionen Spermien – und ausgerechnet dieses musste durchkommen?" Nein, das würde vulgär und beleidigend klingen. Aber wenn Sie sich mit demselben Satz gegen einen Betrunkenen in der Kneipe wehren, der darauf besteht, Ihre Lieblingsfußballmannschaft niederzumachen, ernten Sie einen Lacher und erwerben sich nebenbei einen Ruf für Schlagfertigkeit.

Handgranate

Mein Vater hat mir oft eine Geschichte von seinem befehlshabenden Offizier im Zweiten Weltkrieg erzählt. Eines Tages beendete dieser Mann seine Mahlzeit in der Offiziersmesse, stand auf, zog eine echte Granate aus der Tasche, entfernte den Stift, legte die Handgranate auf den Esstisch und ging hinaus. Die Wirkung auf seine Mitoffiziere war beeindruckend.

Ich möchte nicht so weit gehen, Ihnen zu raten dieses Verhalten nachzuahmen, aber Sie können daraus den Vorteil von Überraschungen lernen. Alles, was Sie tun können, um Ihren Gegner zu verwirren, macht es Ihnen leichter einen Streit zu gewinnen.

Der Jazzsänger George Melly schrieb einmal darüber, wie er vor einem Jazz-Club, in dem er aufgetreten war, von einer Bande Halbstarker (ja, dies ist eine ältere Geschichte) bedrängt wurde. Die Teds hatten ihn in die Enge getrieben, knurrten ihn an und versuchten ihn zu etwas zu provozieren, das ihnen als Vorwand dienen konnte ihn zu schlagen. Ein Gegenangriff stand nicht zur Debatte – es waren zu viele. Zu betteln kam ebenfalls nicht infrage – es gibt keinen sichereren Weg geschlagen zu werden, als zu zeigen, dass man Angst hat. Schließlich zog er einen kleinen Gedichtband aus seiner Tasche und las ihnen ein experimentelles Gedicht vor. Obwohl ich mich an die Geschichte gut erinnern kann, fallen mir die Worte des Gedichtes nicht mehr ein. Das liegt daran, dass es ungefähr so ging: „Bop bedop ba ba di doo daah." (Ich bitte hiermit den Dichter um Entschuldigung für dieses vermutlich krasse Fehlzitat.) Jedenfalls funktionierte diese Taktik ganz hervorragend. Es gibt schlichtweg keine vernünftige Reaktion auf jemanden, der auf Gewaltandrohung mit einem Avantgarde-Gedicht reagiert. Die Halbstarken grummelten obszöne Drohungen, aber ein Anlass für physische Gewalt war schlicht und ergreifend nicht gegeben und am Ende trollten sie sich und gingen auf die Suche nach einem anderen Opfer.

Ein anderes Beispiel einer *Handgranate* (und ich schwöre, dass diese Geschichte stimmt), ist das eines jungen Mannes, der zu einem Bewerbungsgespräch kam und feststellte, dass er einer von mehreren Dutzend Bewerbern war.

Der potenzielle Arbeitgeber, ein Amerikaner, hatte eine englische Firma, mit der er zusammenarbeitete, damit beauftragt, mit allen Bewerbern Gespräche zu führen und anschließend eine passende Vorauswahl zu treffen. Dann würde er aus den Staaten herüberfliegen, mit den übrig gebliebenen Kandidaten sprechen und den Gewinner auswählen.
Wie sollte er dafür sorgen, dass sie sich ausgerechnet an ihn erinnerten? Der junge Mann ging auf die Toilette, zog seine Weste aus und zog sie dann wieder an – über seiner Anzugjacke. Dann ging er zu dem Bewerbungsgespräch, zog seinen Mantel aus, hängte ihn an den Kleiderständer und beantwortete alle Fragen freundlich und korrekt, wobei er die verwirrten Blicke seines Gegenübers ignorierte. Keinen Augenblick versuchte er seinen eigenartigen Auftritt zu erklären. Es funktionierte. Sein Gesprächspartner war fasziniert, verwirrt und amüsiert und konnte es kaum erwarten seinem amerikanischen Freund die Geschichte zu erzählen. Natürlich gelangte der junge Mann in die engere Wahl.

Der kleine Finger

Diese Technik kennen die meisten von uns, aber es lohnt sich sie in Ihr Arsenal siegreicher Streit-Techniken aufzunehmen. Das Ergebnis wird dadurch erzielt, dass man dem Gegner ein kleines Zugeständnis abringt und dann diese Schwächung seiner Position dazu benutzt, ihn zu immer größeren Zugeständnissen zu bewegen.

Wie alle hier vorgeschlagenen Taktiken ist auch diese zweischneidig und mit Vorsicht einzusetzen. Um einen Streit beizulegen, ist es normalerweise nötig auch selbst Zugeständnisse zu machen.

Den Fuchs erschießen

Es gibt zwei Möglichkeiten Füchse zu erlegen. Feine Damen und Herren ziehen sich hübsch an, steigen auf edle Pferde und amüsieren sich köstlich dabei sie kreuz und quer durch das Land zu jagen, bevor sie schließlich zusehen, wie Hunde sie in Stücke reißen. Bauern erschießen sie einfach. Das gilt als unsportlich, ist aber schnell und effektiv.

In unserem Fall besteht das Erschießen des Fuchses darin, einen Streit urplötzlich zu beenden, indem man das ganze Gerede beiseite schiebt und mit einem Schlag zur Sache kommt.

Viele Menschen schätzen einen Streit um seiner selbst willen. Sie gehen so sehr darin auf, dass sie das ursprüngliche Ziel völlig aus den Augen verlieren. Wenn Sie geistesgegenwärtig genug sind zu erkennen, was Sache ist, können Sie einen schnellen und endgültigen Sieg für sich verbuchen.

Nehmen wir beispielsweise die Kontroverse um das Turiner Grabtuch. Diese heilige Reliquie wird traditionell als das Tuch angesehen, mit dem die Leiche Christi bedeckt worden war. Auf irgendeine wundersame Weise war das Abbild von Jesus Körper in das Tuch gedrungen und konnte auf einem Foto-Negativ deutlich gesehen werden. Aber konnte man sicher sein, dass es echt war?

Dies ist ein absolut faszinierender Streit. Beispielsweise ist das Abbild, wie gesagt, nur dann deutlich zu sehen, wenn man das Tuch zuerst fotografiert und dann das Negativ betrachtet. Aber selbst wenn das Tuch, wie manche vermuteten, eine Fälschung ist, war es doch zweifelsohne viel älter als die Fotografie. Wie konnte jemand eine Fälschung produzieren, die nur durch einen Prozess sichtbar gemacht werden kann, der zu jener Zeit noch gar nicht erfunden worden war?

Es gibt zahlreiche weitere Komplikationen. Die Nagelwunden in der Leiche befanden sich an den korrekten Stellen. Auf herkömmlichen Bildern und Skulpturen werden die Wunden in den Händen dargestellt. Anatomisch und historisch war das jedoch Unsinn, denn die Hände konnten ein solches Gewicht gar nicht halten. In Wahrheit wurden Leute gekreuzigt, indem man ihnen die Nägel durch die Handgelenke trieb. Das ist auf dem Leichentuch exakt zu sehen. Andererseits bedecken bei dem Abbild in dem Tuch die Hände schamhaft die Genitalien, aber wenn eine Leiche aufgebahrt war, reichen die Arme normalerweise nicht mehr so weit. Darüber hinaus zeigt das Abbild Blut, das aus den Wunden gesickert ist. Biblische Texte versichern uns jedoch, dass die Leiche vor dem Begräbnis gewaschen wurde und tote Körper bluten natürlich nicht mehr.

Dieser Streit schien ewig weitergehen zu können. Er wurde ausgesprochen hitzig geführt und einige der Teilnehmer waren emotional und intellektuell so sehr involviert, dass sie angeblich sogar die Religionen gewechselt haben sollen.

Schließlich jedoch wurde die Erlaubnis erteilt, ein kleines Teilchen des Tuches mittels der Radiokarbonmethode zu untersuchen. Das Ergebnis ist eindeutig: Das Tuch ist zu einem so späten Zeitpunkt hergestellt worden, dass das Abbild nicht echt sein kann. Der Fuchs ist tot.

Irgendwie fand ich es schade, dass so ein vergnüglicher Streit ein so abruptes Ende finden sollte. Viele der angesprochenen Themen waren interessant und tatsächlich des Nachdenkens wert, aber als der Fuchs erst einmal tot war, wurden sie schnell von allen – bis auf ein paar Unverbesserliche – vergessen.

Defensive Taktiken

Jetzt kommen wir zur Verteidigung. Sie können jede Menge Dinge tun, um einen Streit zu entschärfen. Einige dieser Techniken sind konstruktiv, andere nicht. Betrachten wir erst einmal die konstruktiven.

Logiker

Logik ist ein wesentlicher Bestandteil eines jeden Streites. Es ist jedoch erstaunlich, wie oft Menschen versuchen ihren Unfug dadurch zu tarnen, dass sie versuchen ihn logisch aussehen zu lassen. Dies ist nicht der richtige Ort in aller Ausführlichkeit über Logik zusprechen; und es gibt viele Bücher, die Sie in diesen geheimnisvollen Zweig der Philosophie einführen. Aber es ist nützlich herauszufinden, wie Logik eingesetzt werden kann, um Sie aufs Glatteis zu führen.

Einer meiner Verwandten, ein Pfarrer, hat häufig das folgende Argument angeführt, um die universelle Gültigkeit des Christentums zu beweisen: Wenn die Christen irrten, dann wäre Christus umsonst gestorben, all die Heiligen und Märtyrer hätten sich geirrt, alle Kleriker der Weltgeschichte wären auf dem Holzweg gewesen und alle Gebete der zahllosen Gläubigen umsonst. Könnte eine solche Katastrophe tatsächlich stattgefunden haben? Natürlich nicht! Es war schlicht und ergreifend undenkbar für ihn, dass so ein Gedankengebäude in sich zusammenstürzen könnte.
Dieses Argument hat mich fasziniert. Es wurde ganz ernsthaft von einem Mann vorgetragen, der keineswegs dumm war, und trotzdem fiel ihm das Riesenloch in seiner Logik nicht auf. Und soweit ich weiß, hat auch keines seiner Gemeindemitglieder je den Fehler bemerkt. Denn wenn sein Argument im Zusammenhang mit der Christenheit stimmte, dann wäre es auch wahr in Bezug auf jede andere große Religion. Da aber die meisten der wichtigen Religionen darauf bestehen, die einzig wahre zu sein und die anderen nicht neben sich zu dulden, muss dieses Argument zumindest in Bezug auf einige der Glaubensrichtungen falsch sein.

Das ist ein wunderbares Beispiel für falsche Logik. Wissenschaftler unterscheiden zahlreiche Sonderfälle. Die folgende Übersicht basiert auf einer Zusammenfassung, die Irving M. Copi vor langer Zeit an der Universität von Michigan für seine Studenten erstellt hat. Sie finden hier alle die Irrtümer, die Sie auf jeden Fall vermeiden sollten und die Sie Ihrem Gegner nicht durchgehen lassen dürfen.

Argumentum ad Baculum (Drohung mit Gewalt)

Dieser Trugschluss entsteht, wenn einer der Streitenden versucht den anderen durch schiere Gewalt oder Gewaltandrohung auf seine Seite zu ziehen. Ein berühmtes Beispiel: Während der Konferenz von Jalta erwähnte Churchill Stalin gegenüber ein Meinungsäußerung des Papstes. Stalin soll darauf ungerührt geantwortet haben: „Und wie viele Divisionen hat der Papst?“

Argumentum ad Hominem (persönlich)

Die wörtliche Übersetzung lautet: „Argument gegen den Sprecher“. Ein solcher Missbrauch findet statt, wenn eine Argumentation deswegen kritisiert wird, weil derjenige, der sie vertritt, angeblich keines Respektes würdig ist. Es ist also ungerechtfertigt zu behaupten, die Ansicht von jemanden wäre lächerlich, weil er doch Katholik oder Kommunist oder Faschist sei, oder was auch immer. Ein Argument muss für sich selbst stehen oder fallen und ist nicht abhängig von unserer Ansicht über seinen Vertreter.

Argumentum ad Hominem (umständehalber)

Wenn zwei Menschen streiten und einer die Frage, ob seine eigene Ansicht stimmt oder nicht, ignoriert und versucht den anderen zu überreden sie aufgrund der besonderen Umstände zu akzeptieren, dann ist das ein *Argumentum ad Hominem* der Umstände halber. Zwei Leute streiten zum Beispiel über die Vertretbarkeit der Fuchsjagd. Einer behauptet, dass es barbarisch sei aus Spaß dabei zuzusehen, wie ein Tier in Stücke gerissen wird. Der andere entgegnet: „Aber du bist doch Schlachter, was für ein Recht hast du dich hier zu empören.“ Der Streit konzentriert sich damit zu Unrecht auf einen der Streitenden, statt auf sein Thema.

Argumentum ad Ignorantium (Unkenntnis)

Wenn jemand sagt, dass eine Meinung wahr sei, bloß weil nie bewiesen wurde, dass sie falsch ist, ist das ein Argument, das auf Unkenntnis basiert. Ein Beispiel wäre, wenn jemand behauptet, dass es Geister geben müsse, weil niemand je bewiesen hat, dass es keine gibt.

Argumentum ad Misericordiam (Mitleid heischen)

Dies ist der Fall, wenn einer der Streitenden versucht sich einen Vorteil zu verschaffen, indem er Vernunft und Argumente beiseite lässt und stattdessen versucht Mitleid heischend die Sympathien der Zuhörer auf sich zu vereinigen. Ein amüsantes Beispiel dafür ist der Fall des jungen Mannes, der eines besonders barbarischen Mordes an seinen Eltern angeklagt war. Er bat um Milde, weil er Waise sei.

Argumentum ad Populum (Mehrheitsmeinung)

Bei diesem Fehlschluss wird die öffentliche Meinung herangezogen, um eine Argumentation zu stützen, ohne auch nur einen Gedanken an ihren logischen Wert zu verschwenden. Das ist der Lieblingstrick aller Demagogen und Volksverhetzer in aller Welt. Ein elegantes Beispiel dafür ist Mark Antons Leichenrede in Shakespeares *Julius Cäsar*.

Argumentum ad Verecundiam (Verweis auf Autoritäten)

Der Bezug auf die Meinungen anerkannter oder bekannter Personen stützt ein Argument nur dann, wenn die entsprechende Berühmtheit tatsächlich bewandert im gerade diskutierten Bereich ist. Wenn Sie sich beispielsweise bei einem Streit über die Relativitätstheorie auf Einstein beziehen, werden Sie auf der sicheren Seite sein, wenn Sie jedoch über Fußball diskutieren, wäre es lächerlich. Das mag offensichtlich klingen, es ist aber weit verbreitet auf diese Art und Weise Berühmtheiten zu zitieren. Und es ist auch nicht ungewöhnlich, dass Leute sich nur deshalb als Experten in den Vordergrund drängen, weil sie allseits bekannt und beliebt sind.

„Zufall"

Dieses Problem tritt auf, wenn man eine grundsätzliche Regel auf einen Einzelfall anwenden will, dessen Begleitumstände ihre Anwendbarkeit infrage stellen. Logik-Studenten wird gern dieses Beispiel gegeben: „Wenn du am einen Tag kaufst, isst du am nächsten. – Wenn du gestern rohes Fleisch gekauft hast, isst du heute – rohes Fleisch?“

Umgekehrter „Zufall" (voreilige Verallgemeinerung)

Wenn wir versuchen aus allen möglichen gleichartigen Fällen etwas abzuleiten, stellen wir normalerweise fest, dass wir nicht alle, sondern nur einige betrachten können. Wenn die, mit denen wir uns beschäftigen, zufällig atypisch sind, wird der Schluss, den wir ziehen, möglicherweise ein *umgekehrter Zufall* sein. Wenn wir uns beispielsweise mit Leuten beschäftigen, die vom Blitz getroffen wurden, davon aber wiederum nur die Untergruppe untersuchen, in der die Opfer überlebt haben, könnte sich uns der Eindruck aufdrängen, Blitze seien nicht sonderlich gefährlich.

Falsche Zusammenhänge

Damit sind Argumente gemeint, die fälschlicherweise einen kausalen Zusammenhang zwischen zwei Ereignissen unterstellen. Beispielsweise gingen manche Völker davon aus, dass eine Sonnenfinsternis verschwände, wenn man mit Trommelgeräusch und Feuerwerk das sonnenverschlingende Monster vertreibe. Natürlich schien das zu funktionieren, weil Sonnenfinsternisse selten sind und somit wurde der fehlerhafte Zusammenhang scheinbar immer wieder bestätigt. Es ist leicht über diese scheinbare Primitivität unserer Vorfahren zu lachen, aber dergleichen ist immer noch die Ursache vieler unsinniger Auseinandersetzungen. Vor nicht allzu langer Zeit gab es in Großbritannien eine Reihe heißer, trockener Sommer, die in vielen Gegenden zu schweren Dürren führten. Viele Leute führten das auf die Erwärmung der Erdatmosphäre zurück, ein Phänomen, das in den Medien ausführliche Erwähnung fand. Eine Weile waren die Leute überzeugt, dass die Atmosphäre der Erde sich tatsächlich deutlich bemerkbar erwärmte. Dann folgten einige der kalten, nassen Sommer, an die die Briten gewohnt sind, und der Enthusiasmus für diesen Erklärungsversuch ging schlagartig zurück.

Verneinte Prämisse

Bei einer Bedingung in der Form „wenn ... dann ...“ wird der erste Teil – nach dem „wenn“ und vor dem „dann“ – Prämisse genannt. Der Teil nach dem „dann“ heißt die Konsequenz. Doch Umkehrschlüsse sind hierbei unzulässig. Ein Beispiel: „Wenn Gleisbauarbeiten durchgeführt werden, wird der Zug um 5.45 Uhr Verspätung haben.“ – „Wenn keine Gleisbauarbeiten durchgeführt werden, wird der Zug um 5.45 Uhr keine Verspätung haben.“ Der erste Konditionalsatz kann richtig sein, aber der zweite folgt nicht unbedingt daraus.

Petitio Principii („Sich in den Schwanz beißen")

Hier wird von einer Prämisse ausgegangen, die nur dann wahr sein kann, wenn auch die Schlussfolgerung wahr ist. Das bedeutet, dass Prämisse und Schlussfolgerung ein und dasselbe sind, bloß unterschiedlich formuliert. Dem Zuhörer mag es so vorkommen, als wäre hier etwas Wichtiges gesagt worden, obwohl das Argument an sich inhaltsleer ist. Irving Copi hat das folgende Beispiel angeführt: „Jedermann die volle und uneingeschränkte Redefreiheit zu gewähren muss dem Staat unter allen denkbaren Umständen nutzen, denn es ist im höchsten Maße förderlich für die Interessen der Gesellschaft, wenn ihre Individuen ihre Wünsche frei und ungehindert zum Ausdruck bringen können."

Komplexe Fragen

Komplexe Fragen sind Fragen, die Annahmen oder gar Anschuldigungen enthalten, von denen man nicht weiß, ob sie der Wahrheit entsprechen. Ein berühmtes Beispiel ist: „Wann haben Sie damit aufgehört, Ihre Frau zu schlagen?" Aber es gibt viele andere wie: „Was haben Sie mit dem Diebesgut gemacht?" Oder: „Warum ist die Privatisierung der Industrie so viel effizienter als staatliche Kontrolle?" Egal, wie man antwortet, die Unterstellung in der Frage wird den Befragten fast immer diskriminieren.

Einfache Umkehrung

Bei diesem Irrtum wird ein unzulässiger Umkehrschluss gezogen. Wenn Sie sagen: „Alle A sind B", können Sie daraus keineswegs logisch schließen, dass „alle B auch A sind". Ein Beispiel: „Alle Diebe sind Kriminelle" mag wahr sein, aber Sie können daraus nicht folgern: „Alle Kriminelle sind Diebe." Anders herum können Sie jedoch sagen: „Kein A ist B." *Daraus* folgt durchaus, dass „kein B A ist." Also: „Kein Dieb ist ein ehrbarer Bürger, daher kann kein ehrbarer Bürger ein Dieb sein."

Undefinierter Mittelteil

Ein Syllogismus ist ein Satz, der aus zwei Prämissen und einer Schlussfolgerung besteht. Die „Mitte" ist der Teil, der in beiden Prämissen vorkommt, nicht aber in der Schlussfolgerung. Wenn die Definition dieser „Mitte" unklar ist – wenn wir also beispielsweise nur einige Mitglieder der gemeinten Gruppe kennen –, ist die Schlussfolgerung ungesichert. Ein Beispiel: „Alle Diebe sind Kriminelle, einige Kriminelle sind verrückt, also sind auch einige Diebe verrückt." Das ist ein Trugschluss, denn der Mittelteil mit den Kriminellen bleibt undefiniert. Wir wissen nur über einige von ihnen Bescheid und wir wissen nicht, ob die verrückten Kriminellen gleichzeitig auch Diebe sind. Es wäre hingegen vollkommen in Ordnung zu sagen: „Manche Männer sind Kriminelle, alle Diebe sind Kriminelle, also sind manche Männer Diebe." In diesem Fall ist der mittlere Teil eindeutig definiert.

Ignoratio Elenchi (irrelevante Schlussfolgerung)

Dieser Fehler tritt auf, wenn jemand einen Beweis erbringt, der tatsächlich etwas beweist – nur nicht das, was er beweisen sollte. Wenn ein Politiker beispielsweise für die Wiedereinführung der Todesstrafe eintritt, weil sie abschreckend wirke, und als Beweis anführt, dass brutale Verbrechen in Großbritannien zugenommen haben, seit 1964 das letzte Mal jemand gehenkt wurde, dann mögen die Beweise tatsächlich schlüssig untermauern, dass brutale Verbrechen zugenommen haben. Sie beweisen aber nicht, dass die Todesstrafe abschreckend wirkt. Eine irrelevante Schlussfolgerung, mehr nicht.

Zweideutigkeit

Diese Bezeichnung wird manchmal als Synonym für jede Form unehrlicher Streitführung benutzt, bei der Wortspielereien eingesetzt werden. Im Bereich der Logik aber bezeichnet Zweideutigkeit die aus Doppeldeutigkeiten abgeleiteten Trugschlüsse. In unserer Sprache gibt es viele Worte, die mehr als eine Bedeutung haben, beispielsweise Hahn, Mutter, Grund. Normalerweise sorgt der Sinnzusammenhang dafür, dass Missverständnisse nicht möglich sind, und wenn wir nicht gerade auf eine Pointe aus sind, fallen uns die Eigenarten solcher Worte kaum auf. Was aber passiert, wenn ein Wort im selben Streit auf mehr als eine Weise verwendet wird? Ein Beispiel soll dies verdeutlichen: „Alle Gerichte beschäftigen Beamte. Erbsensuppe ist das Gericht des Tages, also beschäftigt Erbsensuppe Beamte." Die Zweideutigkeit entsteht dadurch, dass das Wort „Gericht" im ersten Falle im Sinne von „Justiz" und im zweiten im Sinne von „Mahlzeit" verwendet wird. Beide Bedeutungen sind korrekt, aber indem sie hier vertauscht werden, hat der Autor einen logischen Fehler begangen. Einen ähnlichen Effekt erzielt man, wenn „relative" Worte benutzt werden. Die Ausdrücke „ein großer Mann" und „ein großer Baum" gründen sich auf sehr unterschiedlichen Vorstellungen von Größe, obwohl das Wort „groß" in beiden Fällen vorkommt. Auch damit haben wir fast nie Probleme. Aber nehmen wir mal ein Wort wie „ordentlich". Wenn Sie sagen: „Fred Brown ist ein ordentlicher Mann, er hat letztes Jahr ordentlich gearbeitet und deshalb wird er ein ordentlicher Premierminister sein", benutzten Sie das Wort „ordentlich" gezielt mehrdeutig für eine unrichtige Beweisführung.

Mauer

Müssen wir überhaupt streiten? Für viele Leute reicht allein die Tatsache, dass jemand ihnen widerspricht, aus um weiter zu streiten. Das ist nicht unbedingt klug. Die Weigerung sich in einen Konflikt hineinziehen zu lassen, kann eine sehr mächtige Waffe sein. Nehmen wir mal an, Sie sind von Ihrer Position wirklich ernsthaft überzeugt. Warum sollten Sie sich die Mühe machen Ihrem Möchtegerngegner Befriedigung zu verschaffen, indem Sie ihn ernst nehmen? Betrachten wir beispielsweise einmal zwei Nachbarn, die verschiedener Meinung über einen Anbau sind. Mr. Brown sagt, der Anbau wird scheußlich aussehen, ihm das Licht nehmen, seine Privatsphäre stören und den Wert seines Grundstücks mindern. Mr. Jones aber weiß, dass er bauen darf. Er hat eine Baugenehmigung und bricht kein Gesetz. Man könnte der Meinung sein, dass er trotzdem mit Brown streiten und seine Position rechtfertigen sollte. Aber warum? Was wird er damit erreichen? Manchmal besteht die effektivste Taktik darin, absolut gar nichts zu tun.

Blockadebrecher

Das Ziel des *Blockadebrechers* besteht darin, den Streit in seine verschiedenen Komponenten zu zerlegen, um festzustellen, ob es überhaupt in irgendeinem Bereich Übereinstimmungen gibt. Diese Technik beweist guten Willen von Ihrer Seite und ermutigt Ihren Gegner ihn zu erwidern. Der *Blockadebrecher* ist das Vorspiel zur Verhandlung.

In vielen Streitigkeiten lassen sich die Beteiligten emotional so verwickeln, dass sie das wahre Ziel aus den Augen verlieren. Nehmen wir ein Beispiel:

> Ein Nachbar baut einen hohen Zaun zu Ihrem Grundstück hin. Obwohl der Zaun nicht hoch genug ist, dass eine Baugenehmigung dafür erforderlich wäre, haben Sie das Gefühl, dass er Ihnen die Sicht nimmt und dass seine Errichtung eine gezielte Unfreundlichkeit Ihres Nachbarn war. Sehr schnell reicht der Streit über den Zaun hinaus. Die Tatsache, dass er überhaupt aufgestellt wurde, zeigt, dass Ihr Nachbar Sie nie mochte und ist der physische Beweis seiner Ablehnung. Bald schon gehen Sie im Geiste all die Demütigungen – seien sie wirklich

oder eingebildet – durch, die Sie von diesem Mann je haben erleiden müssen. Dann werden auch die anderen Nachbarn hineingezogen. Die Leute, mit denen Sie sprechen, weisen Sie auch darauf hin, dass er seinen Wagen rücksichtslos parkt und seinen Vorgarten zum Schandfleck verkommen lässt.
Mittlerweile hat auch Ihr Nachbar bemerkt, dass Sie über ihn reden und ein Streit entsteht. Er stellt Sie zur Rede und trägt – für Sie ebenso überraschend wie ärgerlich – eine ähnliche Liste von Beschwerden über Ihr Verhalten vor.
Sie sehen, wie diffus und irrational der Streit mittlerweile geworden ist. Menschen sind nun einmal leicht wütend, nachtragend und zutiefst gefühlsgesteuert.
In einem solchen Fall kann der *Blockadebrecher* gut eingesetzt werden. Wenn Sie sich mit Ihrem Gegner hinsetzen und all die Streitpunkte durchgehen, können Sie vielleicht zumindest bei einigen eine Verständigung erzielen. Vielleicht können Sie ihn überreden seinen Wagen anders zu parken und hin und wieder seinen Rasen zu mähen. Vielleicht geben Sie auch selbst da und dort nach. Wenn Sie schließlich wieder zum Schlüsselthema Zaun kommen, sollten Sie mit etwas Glück eine Atmosphäre der Kooperation – statt der Konfrontation – geschaffen haben. Wenn Sie beide kompromissbereit sind, kann der Zaun plötzlich viel weniger beleidigend sein als Sie dachten. Vielleicht hatte Ihr Nachbar nur Gutes im Sinn und wollte bloß ein bisschen Abgeschiedenheit für Sie und sich schaffen.

Das Problem beim *Blockadebrecher* ist wie bei allen konstruktiven Taktiken, dass er Vernunft, Takt und Diplomatie verlangt. Das mag nicht so einfach sein wie Nörgeln, Quengeln oder Lästern und es wird auch Ihren Spaß an einem offenen Kampf nicht befriedigen. Das Problem beim Streiten besteht darin, dass es dem Kind in uns Freude macht, das die vernünftigen Ratschläge des Erwachsenen, der auch in uns wohnt, beiseite schiebt. Aber es ist von entscheidender Bedeutung, dass der Erwachsene gewinnt, denn Lösungen des frustrierten Kindes sind stets gewalttätig und destruktiv.

Wenn Sie selbst nicht *Blockadebrecher* spielen können, weil die Gemüter bereits zu erhitzt sind, können Sie vielleicht einen Dritten finden, der als Vermittler auftritt. Das kann ein neutraler Nachbar sein, ein gemeinsamer Freund oder sogar ein professioneller Schiedsmann.

Wie auch immer es Ihnen gelingt, Sie müssen es irgendwie schaffen aus dem eisernen Griff sinnlosen Streits auszubrechen.

Kumpel

Oberflächlich betrachtet mag *Kumpel* eine defensive Taktik sein, aber man kann sie auch mit offensivem Unterton einsetzen. Der Trick besteht darin, einen Gegner zu überzeugen, indem man ihn als Menschen anspricht und versucht seine Sympathie zu gewinnen. Das funktioniert am besten, wenn Ihr Gegner eine Organisation vertritt, je größer und unpersönlicher desto besser. Dann können Sie behaupten, dass wir doch vernünftige Leute sind, die nun wirklich nicht diesen ganzen Stumpfsinn mitmachen müssen. Sie können die Vorlieben, die Ihr Gegner zeigt, teilen: Wenn er Kinder zu mögen scheint, tun Sie das auch; wenn Sie feststellen, dass er Fußballfan ist, sollten Sie unbedingt sofort herausfinden, bei welchem Verein seine Sympathien liegen.

Wenn Sie erst einmal gut miteinander auskommen, können Sie darauf leicht aufbauen und Ihren neuen Freund dazu überreden, im Namen der Freundschaft einmal die Firmeninteressen beiseite zu lassen. Wenn Sie gut gespielt haben, werden Sie nicht einmal darum bitten müssen.

Kumpel ist nicht einfach einzusetzen. Wenn Sie einer von diesen schlicht und ergreifend charmanten Typen sind, die Menschen mögen und mit aller Welt klarkommen, wird Ihnen diese Technik zusagen. Wenn Sie zu denjenigen gehören, brauchen Sie mich aber auch nicht, um zu wissen, wie Sie Ihr Talent nutzen können – denn genau das tun Sie ja schon von Kindesbeinen an. Von uns anderen fordert *Kumpel* Mühe und den Einsatz aller unserer verfügbaren Schauspielkünste. Darin liegt eine Gefahr, denn nichts ist abstoßender als die Zurschaustellung falscher Freundschaftsgefühle und die meisten Leute erkennen sehr schnell, wenn jemand sie ausnutzen will.

Mittlerweile wird Ihnen aufgefallen sein, dass diese Technik ausgesprochen manipulativ ist. Aber, wie ich schon zu Anfang sagte, müssen Sie sie ja nicht einsetzen; Sie müssen sich aber auf jeden Fall bewusst sein, dass sie gegen Sie verwandt werden kann.

Kumpel ist natürlich die Antithese der *Drückeberger*-Technik wie *Ich arbeite hier nur* (siehe dort). Und Sie werden feststellen, dass ein Gegner, der nicht mit Ihnen spielen will, auf eine *Drückeberger*-Technik zurückgreifen wird, um

Ihnen den Spaß zu verderben. Er wird sagen: „Ich wäre unheimlich gern Ihr Kumpel, aber man lässt mich nicht."

Drückeberger

Dies ist keine einzelne Technik; es ist eine ganze Familie. *Drückeberger* schließt alle taktischen Vorgehensweisen ein, bei denen man so tut, als müsste man höheren Mächten gehorchen. Die bekannteste Version dieses Spiel ist *Ich kann nichts dafür, ich arbeite hier nur.* Jeder, der jemals in die Mühlen der Bürokratie geraten ist, kennt diesen Trick. Er besteht darin, dass der Angegriffene sich als jemanden darstellt, der der Macht seines Arbeitgebers oder eines anderen Abwesenden zu gehorchen hat. Was auch immer Sie sagen oder tun, er wird darauf bestehen, dass er Ihnen keinerlei Probleme bereiten will und wenn er könnte, wie er wollte, würde er Ihnen den Gefallen sofort tun. Aber *ich arbeite hier nur* und deshalb ist es leider nicht möglich.

Ein naher Verwandter dieser Technik ist der *böse Meister*. Bei dieser Variante besteht der Spieler darauf, dass er zwar selbst ein anständiger, ehrbarer, vernünftiger Bursche ist, sein Boss aber ein übles Schwein, das kleine Kinder frisst und aus Spaß alte Damen ausraubt. Der *böse Meister* muss keine Einzelperson sein, er kann aus dem Vorstand bestehen, dem Gemeinderat, der Regierung oder jeder anderen Größe, die einem Individuum jedwede Verantwortung abnehmen kann. Das Spiel funktioniert ähnlich wie *Ich arbeite hier nur*. Ziel des Spiels ist die vollständige Verweigerung jeglicher Verantwortung angesichts feindlicher Argumente.

Eine Möglichkeit sich gegen den *bösen Meister* zu wehren, besteht darin, darauf zu bestehen, dem Wesen direkt gegenüberzutreten. Um ein Treffen mit demjenigen zu bitten, der entscheiden könnte, mag den gewünschten Effekt haben, aber andererseits sind manche Organisationen auch so strukturiert, dass eigentlich niemand Entscheidungsmöglichkeiten hat.

Vor vielen Jahren war ich als wissenschaftlicher Assistent im Staatsdienst tätig. Nach einer Weile fiel mir auf, dass auch alle meine Kollegen Titel hatten, in denen die Worte „Assistent" oder „Stellvertreter" vorkamen. Niemand in dem ganzen Amt schien das Recht zu haben irgendetwas zu *tun*; alle halfen nur irgendeinem anonym höheren Wesen etwas zu tun.

Dieses ganze System war schlecht, weil es zu einer Geisteshaltung führte, bei der niemand je für etwas Verantwortung übernahm.

Der größte Nachteil bei jeder Form von *Drückeberger* besteht darin, dass dadurch ganz schnell der Respekt, den jemand für Sie gehabt haben mag, zerstört wird. Wenn Sie so tun, als wären Sie stets der Gnade einer höheren Gewalt ausgeliefert, machen Sie sich Ihrem Gegner gegenüber lächerlich und er wird Sie bald bei keiner Frage mehr ernst nehmen. *Drückeberger* kann sich auch zu einer schlechten geistigen Angewohnheit verfestigen (dem psychologischen Äquivalent des Nägelkauens) und wenn das passiert, besteht die Gefahr, dass Sie Ihre Selbstachtung verlieren. Wenn Sie sich angewöhnen alle Entscheidungen nach oben abzugeben, wird es Ihnen bald überhaupt unmöglich sein irgendwelche Entscheidungen zu treffen. Wir alle sind schon störrischen Bürokraten begegnet, denen das widerfahren ist und sie sind kein schöner Anblick.

Gibt es Umstände, unter denen der *Drückeberger* eine gute Taktik ist? Nur wenn der *Drückeberger* unehrlich eingesetzt wird, denke ich. Sie können den *bösen Meister* als Stopper einsetzen, der es Ihnen erspart Zugeständnisse zu machen. Wenn ein Streit zu hitzig wird und Sie ihn nicht mehr ertragen, können Sie immer behaupten, dass Sie in dieser Frage mit Ihrem Chef Rücksprache führen müssen, selbst wenn das nicht der Wahrheit entspricht. Wenn Sie das nur selten als Notfalltechnik einsetzen, kann es Ihnen helfen einer Klemme zu entfliehen. Aber die obige Warnung gilt dennoch – machen Sie sich nicht lächerlich.

Blitzableiter

Das Prinzip des *Blitzableiters* kann in vielen Situationen angewandt werden. Wenn Sie Ihrem Gegner ein Hass-Objekt bieten können, das besser geeignet ist als Sie selbst, kann es Ihnen gelingen, seine Aufmerksamkeit von Ihnen abzuwenden.

Sally, die vor vielen Jahren als Assistentin für mich arbeitete, hat mir diese Technik beigebracht. Sally war tüchtig, ein kluges junges Mädchen, das im Beruf Erfolg hätte haben sollen. Unglücklicherweise hatte sie auch eine komplizierte Familiengeschichte; Sally trug jede Menge Wut mit sich herum. Bald bemerkte ich, dass sie die Wut in sich aufstaute und schließlich entlud sie sich explosionsartig an der nächstbesten greifbaren Person. Manchmal war ich das.

Der *Blitzableiter* funktionierte so: Ich wählte Themen, an denen Sally ihren Ärger auslassen konnte. Da sie schnell wütend wurde, war das nicht schwierig. Manchmal hasste sie jemanden in der Buchhaltung; ein andermal hatte jemand in der Konstruktionsabteilung ihren Zorn auf sich gezogen. Diese Animositäten waren meist nicht sonderlich begründet und bestanden fast ausschließlich darin, hinter dem Rücken der Opfer über sie herzuziehen. Ich musste nur freundlich nicken und ihr zustimmen, dass Helen, Robin, Susan oder wer auch immer tatsächlich die ekelhafteste, schleimigste oder eitelste Person war, der ich je begegnet war.

Das funktionierte außerordentlich gut. Solange Sally jemanden zum Hassen hatte, war sie eine zupackende Persönlichkeit, deren Arbeitsleistung ganz ausgezeichnet war. Da aber die Animositäten nicht wirklich substanziell waren, brannten sie irgendwann aus. Wenn mir nicht rechtzeitig auffiel, dass das Feuer zu erlöschen drohte, bestand die Gefahr, dass ich selbst zum Opfer wurde. Sally schaute mich dann von der Seite an und machte boshafte kleine Bemerkungen, die einen Streit provozieren sollten. Wenn ich diese frühen Warnzeichen nicht bemerkte und richtig deutete, wurde ich bald frontal angegriffen.

Diese Technik muss mit großer Vorsicht eingesetzt werden. In Sallys Fall wusste ich, dass sie – wie wütend sie auch über ihre „Feinde“ war – nie etwas gegen sie unternehmen würde. Aber nicht jeder ist so harmlos wie Sally. Viele Leute benutzen freudig einen Sündenbock, um sich selber Ärger zu ersparen.

Diese Technik kann entsetzliche Konsequenzen nach sich ziehen. Die jüngere Geschichte ist voller tragischer Ereignisse, bei denen Minderheiten gejagt, gequält und ermordet wurden, weil irgendein Volksverhetzer erkannt hatte, dass sie gute *Blitzableiter* abgaben. Ich habe am Anfang dieses Kapitels betont, dass einige der Vorgehenseisen moralisch zweifelhaft seien und diese ist ein ausgezeichnetes Beispiel dafür. Dennoch sollten Ihnen alle vorhandenen und einsetzbaren Taktiken bekannt sein.

Der *Blitzableiter* kann als Ergänzung zu *Kumpel* eingesetzt werden. In diesem Fall versuchen Sie Ihren Gegner auf Ihre Seite zu ziehen, indem Sie ihm einen Dritten vorschlagen, den Sie beide hassen können. Das kann eigentlich jeder sein: ein gemeinsamer Bekannter, die Regierung, der Chef, die Firma. Es ist völlig unwichtig, wer zum Sündenbock wird: Entscheidend ist nur, dass Ihr Gegner den Sündenbock noch mehr hasst als Sie. Am besten sollte er ihn so sehr hassen, dass Sie im Vergleich beinahe ein Freund zu sein scheinen.

Obwohl diese Taktik gefährlich ist und zu tragischen Resultaten führen kann, habe ich sie auch schon mit großem Geschick eingesetzt gesehen. Ich habe einmal in einem Büro gearbeitet, wo jeder, aber auch jeder, denselben Menschen hasste. Dieser Mann hatte sich diese Position auch hart verdient. Er arbeitete fanatisch, betrachtete jede Frage ausschließlich aus Sichtweise der Firma, war sarkastisch und besserwisserisch, verbrachte seine wenigen freien Minuten damit, seinen Kollegen hinterherzuschnüffeln und sie beim Chef anzuschwärzen. Kurz und gut: Er war ein Widerling. Es war trotz allem das fröhlichste Büro, in dem ich jemals gearbeitet habe. Alle verbrachten so viel Zeit damit, diesen einen Mann zu hassen, dass sie miteinander hervorragend auskamen.

Gummistiefel

Dies ist eine hinterlistige, aber letztlich harmlose Taktik, die Sie mit einigermaßen gutem Gewissen einsetzen können.

Es gab einmal einen Porträtmaler, der einen guten Ruf unter den Reichen und Berühmten hatte. Aber obwohl er dankbar war so viel zu tun zu haben, fand er seine Klienten schrecklich pingelig und lehnte ihre scharfen und dümmlichen Kommentare zu seiner Arbeit ab. Dann hatte er eine Idee. In jedes Porträt malte er irgendwo im Hintergrund einen Gummistiefel. Irgendwann bekam der Auftraggeber das Bild zu sehen und stürzte sich natürlich auf den Stiefel und fragte, was zum Teufel der da zu suchen hätte. Der Künstler führte dann einen großen Streit, in dem er darauf bestand, dass der Gummistiefel ein essenzieller Teil der Komposition war. Ohne ihn wäre die gesamte Szenerie komplett ruiniert. Manchmal gewann er, manchmal verlor er, aber das war egal. Wichtig war nur, dass der Auftraggeber so damit beschäftigt war, über den verflixten Gummistiefel zu schimpfen, dass er es unterließ den Rest des Bildes zu kritisieren.

Die Geschichte mag kurios wirken, aber ich habe *Gummistiefel* in der Praxis erlebt und es funktioniert. Ein Verlag, für den ich arbeitete, hatte einen Chef, der beinahe zum Fürchten intelligent war. Unglücklicherweise wusste er das und sorgte dafür, dass es auch alle anderen wussten. Wenn ihm irgendetwas zur Begutachtung vorgelegt wurde, begann er zwanghaft es auseinander zu nehmen. Natürlich gelang es ihm schlampige Arbeit in der Firma kurz zu halten und insofern war das eine gute Sache. Aber wie gut man sich auch vorbereitete und wie perfekt man auch versuchte etwas zu erledigen, er fand immer einen Fehler. Er konnte nichts dafür, er war einfach so. Schließlich gaben ihm die Leute *Gummistiefel*. Sie machten einen absichtlichen und so eindeutigen Fehler, auf dass der „Zorn Gottes" sofort darauf herniederfuhr. Das war schlimm, aber es ging schnell vorbei und die Chancen standen gut, dass er, wenn er einen wirklich guten Fehler gefunden hatte, sich nicht die Mühe machte nach anderen, kleineren zu suchen.

Gummistiefel gibt es in allen Formen und Größen. Jede eigenartige Ablenkung wird Ihnen helfen die Aufmerksamkeit Ihres Gegners von dem Bereich abzuziehen, den Sie nicht berühren wollen. Bei einer Diskussion ständig vom Thema abzukommen, kann beispielsweise eine wundervolle Ablenkung sein. Es wird Ihnen nicht unbedingt helfen den Streit zu gewinnen, aber es wird verhindern, dass Sie einen verlieren. Albert, ein alter Freund, zu dessen Aufgaben es gehörte, ein großes Komitee zu organisieren, pflegte zu sagen: „Ich merkte immer, wenn sie nicht in der Laune waren meinem Vorschlag zuzustimmen. Dann habe ich über irgendeinen anderen Blödsinn geredet. Wenn wir uns das nächste Mal trafen, hatten sie alles vergessen und ich konnte die Sache durchkriegen."

Porzellan-Ei

Wenn Sie jemals Hühner gehalten haben, werden Sie wissen, dass ein Porzellan-Ei diese manchmal ermuntert echte Eier zu legen. Die Anwendung dieser Technik bei Menschen hat Hugh (später Lord) Cudlipp, der ehemalige Herausgeber des *Daily Mirror* beschrieben. Er erzählte stolz, wie er einen viel versprechenden jungen Autoren zum Mittagessen einlud und im Verlauf des Gespräches sehr geschickt ein Porzellan-Ei in Form einer guten Idee für einen Zeitungsartikel platzierte. Der Autor stürzte sich begeistert auf die Idee und entwickelte sie im Verlauf des Gespräches weiter. Bald schon war er davon überzeugt, dass die Idee seine eigene war und aufgrund des neu gewonnenen Selbstbewusstseins produzierte er immer weiter gute Ideen.

Beim Streiten setzt man diese Technik ein wenig anders ein. Man versucht einen offenen Streit zu vermeiden, indem man sehr vorsichtig den Gegner dazu bringt, fremde Ideen als seine eigenen anzusehen. Dabei muss man ungemein geschickt vorgehen. In vielen Fällen ist es am einfachsten diese Technik in Kombination mit ein bisschen *umgekehrter Psychologie* einzusetzen. Sie fangen damit an, dass Sie eine Position beschreiben, von der Sie wollen, dass Ihr Gegner sie ablehnt. Im Idealfall legen Sie Ihre Worte einer dritten Partei in den Mund, von der Sie wissen, dass Ihr Gegner sie verabscheut. Sobald Sie sicher sind, dass das Opfer den Köder geschluckt hat, ermutigen Sie ihn mit der Lösung aufzutrumpfen, die Sie schon ausgesucht haben. Ganz wichtig dabei ist, dass er die Lösung von Anfang bis Ende als seine eigene betrachtet. Wenn er endlich damit herausgerückt ist, gratulieren Sie ihm herzlich für seine Weitsicht und wenn Sie frech genug sind, bedanken sich bei ihm sogar strahlend, die Sache für Sie geklärt zu haben.

An anderer Stelle in diesem Buch habe ich gesagt, dass ich bezweifle, dass es große Unterschiede zwischen streitenden Männern und Frauen gibt. Aber wenn ich gezwungen wäre mich für eine Technik zu entscheiden, die einen eindeutig weiblichen Charakter hat, wäre es *Porzellan-Ei*. Genau wie Kinder ein natürliches Talent für die *chinesische Mauer* haben, sind Frauen ausgezeichnete *Porzellan-Ei*-Expertinnen. Ich habe oft Freundinnen meiner Frau sagen hören: „Ich lasse ihn immer glauben, er wäre von allein darauf gekommen …“, wenn sie erzählen, wie sie ihren Mann dazu gebracht haben, eine bestimmte Entscheidung zu treffen. Manchmal frage ich mich nur, wie viele meiner eigenen guten Ideen auf diese Art und Weise entstanden sind.

In den Schuhen eines anderen

Vor dieser Technik muss man warnen. Sie ist mächtig, sie funktioniert, aber sie ist zweischneidig. Seien Sie äußerst vorsichtig damit! Die Indianer haben das Sprichwort: „Kritisiere nie einen Mann, wenn du nicht einen Tag in seinen Mokassins gegangen bist.“ Das klingt nach einer dubiosen Weisheit, aber es stimmt. Sie können jeder Menge nützlicher Einsichten über die Strategie Ihres Gegners erlangen, wenn Sie eine Sache mit seinen Augen betrachten.

Sie können sich überlegen, was für Argumente er wahrscheinlich benutzen wird. Sie können Fakten sammeln, die Ihrer eigenen Position schaden würden, Sie können sich vorstellen, warum Ihr Gegner so wütend auf Sie ist und was er davon hätte, mit Ihnen zu streiten. Nachdem Sie diese wertvollen Erkenntnisse gewonnen haben, sind Sie gut darauf vorbereitet eine Gegenstrategie zu entwickeln.

So weit, so gut. Worin liegt die Gefahr? Wenn Sie, wie wir annehmen möchten, ein anständiger und vernünftiger Mensch sind, besteht das Risiko sich zum eigenen Schaden von der Gegenmeinung beeinflussen zu lassen. Möglicherweise können Sie ihn sogar verstehen! Dabei sollen Sie doch versuchen den Streit zu gewinnen! Wenn Sie Leute verstehen wollen, hätten Sie ein Therapiebuch kaufen sollen. Im Ernst: Es ist gut eine Sache aus verschiedenen Blickwinkeln zu betrachten, aber Sie dürfen um keinen Preis vergessen, wo Ihre eigenen Vorteile liegen. Sie dürfen nicht den Fehler machen zu tolerant zu sein.

Opossum

Das Opossum (auch Beutelratte genannt) ist bekannt für seine Fähigkeit Jägern zu entkommen, indem er sich tot stellt. Beim Streiten ist es nicht unbedingt notwendig sich tot zu stellen, aber Sie können unter der Wucht der Argumente Ihres Gegners zusammenbrechen. Und nachdem Sie ihm das Vergnügen verschafft haben den Streit scheinbar zu gewinnen, sorgen Sie klammheimlich dafür, dass am Ende Sie der Sieger sind.

Ein Beispiel:

> Steve rief eine Druckerei an und bat sie, ihm 5000 Flugblätter im Format A4 zu drucken. Ein paar Wochen später bekam er einen Haufen von 4000 Flugblättern in A5. Steve rief die Firma an und machte ihnen Dampf. Sie hatten keine Chance und wussten das, also gaben sie nach, krochen zu Kreuze und versprachen ihm eine großzügige Rückerstattung, um die Sache in Ordnung zu bringen. Steve hatte gewonnen. Er hatte viel zu tun und deshalb stellte sich nur durch Zufall Monate später heraus, dass die versprochene Erstattung nie eingegangen war. Noch einmal rief er die Druckerei an und sie entschuldigten sich und versprachen ihm, die Erstattung sei nun wirklich unterwegs. Erneut be-

schäftigte sich Steve mit anderen Geschäften und als er wieder an die Sache dachte, war ein Jahr vergangen. Als er dann noch einmal nachforschte, stellte er fest, dass das Geld noch immer nicht überwiesen worden war.

Natürlich war ein Teil von Steves Problem, dass er zu schlampig war, um die Situation zu überschauen. Aber der Erfolg von *Opossum* ist davon abhängig, dass die Leute meistens zu beschäftigt sind, um alles im Auge zu behalten, wofür sie verantwortlich sind. Deshalb ist es ganz wichtig nicht zu vergessen, dass zu gewinnen nur ein Teil des Kampfes ist; Sie müssen auch daran denken, Ihren Gewinn einzutreiben. Ein erfahrener *Opossum*-Spieler kann Ihnen nämlich den Sieg stehlen und sich am Ende über sie totlachen. Nur konkrete Ergebnisse gelten als echter Sieg.

Sir Humphrey

Diese Technik wurde nach dem machiavellistischen Beamten gleichen Namens in der TV-Serie *Yes, Minister* benannt. Im Staatsdienst selbst kennt man die Technik als *Weiterreichen, bis die Sache vergessen ist*. Und so funktioniert es: Sie werden mit einer Forderung konfrontiert, der Sie keinesfalls zustimmen können. Offen zu widersprechen wäre jedoch unklug, weil Ihnen vollkommen klar ist, dass Ihre Vorgesetzten das Vorgehen begrüßen. Was also tun Sie? Sie stürzen sich sofort mit allem Enthusiasmus, den Sie aufbringen können, auf die Angelegenheit. Wenn möglich, lassen Sie sich die Aufgabe zuteilen die neuen Maßnahmen durchzuführen. Entscheidend ist, dass Ihre wahren Gefühle keinesfalls zu Tage treten.

Nachdem Sie sich erst einmal als aufrichtiger Befürworter der neuen Maßnahmen etabliert haben, die Sie eigentlich ja unterminieren wollen, gehen Sie zum (versteckten) Gegenangriff über.

Beispielsweise können Sie vorschlagen ein Komitee zu gründen, das die besten Methoden erarbeiten soll, die neuen Vorgehensweisen einzuführen. Natürlich muss dieses Komitee von Experten beraten werden und Sie sorgen dafür, dass die einschlägigen Experten sehr ausführliche und zeitaufwändige Berichte vorbereiten. Noch mehr Zeit wird natürlich vergehen, bis alle Beteiligten die Berichte gelesen und ihre Kommentare dazu abgegeben haben.

Um es kurz zu machen: Während Sie dafür sorgen, dass Sie wie ein begeisterter Enthusiast wirken, der nur von den wirklich unvermeidlichen Verzögerungen zurückgehalten wird, achten Sie im Stillen darauf, dass der Fortschritt, wenn überhaupt, im Schneckentempo Einzug hält. Wenn jemand die Vermutung äußert, dass irgendwer die Einführung gezielt verzögert, beschweren Sie sich lauthals über die Inkompetenz und Intriganz Ihrer werten Kollegen.

Es ist wohl selbstverständlich, das Ihre gründlichen Überlegungen ergeben, dass zahlreiche Schwierigkeiten die neuen Maßnahmen behindern. Und während Sie laut darauf bestehen, dass diese Einwände im Grunde lächerlich sind, haben Sie dennoch genug Pflichtgefühl sie voll und ganz in Ihre Überlegungen einzubeziehen.

Mit etwas Glück wird so viel Zeit vergehen, dass sich die Umstände ändern und Sie die Angelegenheit schlicht und ergreifend fallen lassen können.

Manipulatives Streiten

Am häufigsten treten Manipulationen bei familiären Streitigkeiten auf, und zwar aus dem einfachen Grund, dass wir dem emotionalen Druck derer, die uns nahe stehen, am ehesten nachgeben. Die Grundlage jeder Manipulation besteht darin, die Gefühle des Gegenübers zu benutzen, um ihn dazu zu bewegen, etwas zu tun, was der Verstand alleine nicht befürworten könnte. Die wichtigste Waffe der Manipulation ist Schuld. Es muss nicht einmal eine konkrete Schuld sein, weil beinahe alle Menschen jede Menge nicht zugeordneter Schuldgefühle mit sich herumzuschleppen scheinen, die durch die richtige Wortwahl allein aktiviert werden können.

Eltern und Kinder gehören zu den schlimmsten Manipulanten. Das elterliche Spiel trägt Namen wie: *Was würde deine Mutter dazu sagen?* oder: *Womit habe ich das verdient?* Ich habe schon an anderer Stelle in diesem Buch deutlich gemacht, dass ich nicht glaube, dass Männer und Frauen sonderlich verschieden streiten. Manche Leute würden gerne glauben, dass Frauen die besseren Manipulanten sind, aber da haben sie Unrecht. Niemand, der die Augen aufsperrt, kann übersehen, dass auch Männer diese Technik einsetzen, und zwar ebenso effektiv.

Was würde deine Mutter (dein Vater) dazu sagen? ist eine weit verbreitete Technik, um ein eigensinniges Kind zur Räson zu bringen. Sie beruht auf den Schuldgefühlen, die entstehen, wenn ein Elternteil einem sagt, dass das, was man tut oder denkt, den anderen Elternteil verletzt. In derartigen Situationen ist der andere Elternteil stets abwesend, oft auch tot. Aus irgendeinem Grund funktioniert der Trick besser, wenn der angeführte Elternteil tot ist. Ein typisches Szenario sieht etwa so aus: „Mama, ich habe mein Medizin-Studium aufgegeben. Ich wollte ohnehin nie Arzt werden und jetzt habe ich die Chance das zu tun, was ich wirklich will: auf einer Bühne zu stehen."

„*Was würde dein Vater dazu sagen?* Er hat sich sein ganzes Leben abgequält, damit du eine gute Ausbildung bekommst und es besser hast im Leben als wir. Mit 60 ist er an einem Herzinfarkt gestorben, weil er so hart gearbeitet hat. Und jetzt willst du Schauspieler werden?"

Wenn Ihnen das vorkommt wie das Drehbuch einer schlechten Seifenoper, ist das nicht überraschend – viele familiäre Streitigkeiten verlaufen so. Es gibt zahlreiche Variationen zu diesem Thema, mit Namen wie: *Das wird deine Mutter umbringen*, oder wenn ein Elternteil das Gefühl hat selbst leidend genug auftreten zu können: *Wie kannst du mir das antun?*

Kinder sind übrigens keineswegs unschuldig, was Manipulationen angeht. Sie spielen Spiele wie: *Alle anderen Kinder dürfen das auch* oder: *Warum musst du mir mein Leben kaputtmachen?* oder (für erwachsene Kinder): *Warum hast du mir mein Leben kaputtgemacht?* Wiederum besteht der Trick darin, zu versuchen dem Opfer so große Schuldgefühle einzureden, dass es einen machen lässt, was man will. Erstaunlicherweise ist in derartigen Situationen oftmals gar kein konkreter Vorteil zu gewinnen. Bei Familienstreit kann die Belohnung bereits darin bestehen, dass das Gegenüber Schuldgefühle erleidet.

Männer und Frauen spielen äußerst komplizierte manipulative Spiele wie: *Bei Kopf gewinne ich, bei Zahl verlierst du.* Die Regeln dieser Spiele sind so verrückt, dass sie schwer zu erklären sind. Das Ganze basiert auf einer Art *umgekehrter Psychologie*, die man mit jeder Menge Schuld, Wut und jedem nur möglichen Vorwurf anreichert.

Brian und Kate wollen zum Beispiel abends ausgehen. Sie möchte ins Kino; er will in die Kneipe. Der Babysitter kommt gleich und sie haben immer noch nicht entschieden, wohin sie gehen. Der Witz des Spiels besteht in den vollkommen unehrlichen Angeboten beider Beteiligten die Position des anderen zu akzeptieren.

BRIAN: O.K., dann gehen wir eben ins Kino. Mir ist es egal. Mich interessiert das nicht.
KATE: Ach, und dann sitzt du den ganzen Abend stinkig da? Nein, besten Dank! Wenn du schon kindisch sein willst, dann gehen wir in die Kneipe und die Sache hat sich. Aber du solltest dort nicht so viel trinken; du weißt, dass dir das nicht gut tut.
BRIAN: Siehst du? Du willst gar nicht mit. Du warst schon immer so ein selbstsüchtiges Aas. Ach, mir egal, gehen wir doch in das blöde Kino, wenn du unbedingt willst!

Wir müssen dies nicht fortsetzen. Ein solcher Streit kann Stunden dauern. Ich weiß noch, dass ich einmal einen ganzen Abend mit meiner Frau durch Cambridge gegangen bin und wir darüber gestritten haben, wohin wir nun gehen und schließlich sind wir viel früher als angekündigt zu unserem überraschten Babysitter zurückgekehrt. Ja, ich gestehe: Ich mache es auch! Offensichtlich entwickelt der Streit ein Eigenleben. Das ist eine interessante Eigenheit vieler Streitfälle: Sie verlieren die Bodenhaftung und kreisen schließlich um alle möglichen Dinge, auf die man nie gekommen wäre. In so einem Fall beginnt die Sache mit irgendeiner simplen Meinungsverschiedenheit, verwandelt sich dann jedoch in ein Schlachtfeld, auf dem zwei Menschen ihre ganz alltäglichen Unzufriedenheiten austragen, die sich selbst in der glücklichsten Ehe ergeben. Da wird nachgehakt, aufgerechnet und die Hackordnung bestätigt oder verändert. Das alles hat überhaupt nichts damit zu tun, wo man an diesem Abend nun tatsächlich hingeht. In den Fällen, wo die Sache gut ausgeht, hört das Paar oft auf einander zu schikanieren und verbringt einen tollen Abend auf irgendeine vollkommen andere Art.

Wie werden Leute noch manipuliert? Oft benutzen öffentliche Redner, Priester, Politiker, Volksverhetzer, Anwälte und andere zweifelhafte Charaktere die Manipulation, um ihr Ziel zu erreichen. Unter Anwälten gibt es das Sprichwort: „Wenn du deinen Mandanten nicht verteidigen kannst, verteidige die Flagge." Das heißt, wenn man eigentlich überhaupt nichts vorzuweisen hat, kann man sich immer noch darauf zurückziehen, irgendeinen noblen Grundsatz zu verteidigen, beispielsweise Wahrheit, Freiheit, Gerechtigkeit oder überhaupt das Gute an sich. Andere Redner spielen mit der manipulierbaren Öffentlichkeit beispielsweise *Blitzableiter*. Denken Sie nur einmal daran, wie erfolgreich Hitler die Juden als seinen *Blitzableiter* eingesetzt hat. Dies ist ein extremes Beispiel, aber lassen Sie sich davon nicht in falscher Sicherheit wiegen; Manipulanten gibt es jederzeit und überall. Sie sind leicht zu erkennen, weil ihre Argumente nicht logisch, sondern emotional sind. Aber Emotionen sind eine mächtige Waffe; und ein Manipulant, der es geschafft hat die aufgeregte Menge auf seine Seite zu ziehen, kann ein außerordentlich gefährlicher Gegner in einem offenen Streit sein. Das kann sogar im Namen der „guten Sache" eingesetzt werden. Erinnern Sie sich noch an den Falkland-Krieg? Nachdem man uns ein paar Tage erzählt hatte, dass „unsere Jungs" dabei waren, „unsere Leute" vor brutalen militärischen Diktatoren zu schützen, redeten Briten, die Argentinien (ganz zu schweige von den Falkland-Inseln) nicht auf einer Weltkarte gefunden hätten und die nie in ihrem ganzen Leben ein Argentinier gesehen hatten, von „den Argies" und lasen Zeitungsschlagzeilen wie „Treffer – versenkt!" Egal, ob „die Sache" an sich nun gut oder schlecht war (und ich will hier darüber gar nicht urteilen) – hier wurden die Leute von ihren Anführern, die einen Streit gewinnen wollten, gezielt manipuliert, indem diese an das Gefühl appellierten, nicht an den Verstand. Diejenigen, die die Waffengewalt nicht guthießen, wurden schnell als unpatriotisch niedergeschrien und sogar als Verräter bezeichnet.

Zusammenfassung

- Geben Sie niemals auf.
- Beherrschen Sie Ihre Fakten und Zahlen. Seien Sie präzise. Nennen Sie Ihre Quellen.
- Üben Sie sich darin, Lücken in den Argumentationen anderer zu finden. Nehmen Sie nie für gegeben an, dass eine „Tatsache", die Ihr Gegner vorbringt, der Wahrheit entspricht. Fragen Sie nach Details. Fragen Sie nach der Quelle. Bedenken Sie die Motivation desjenigen, der diese Tatsache ursprünglich verkündet hat.
- Wenn Sie einen Fehler in der Argumentation Ihres Gegners gefunden haben oder ihm einen Irrtum nachweisen können, tun Sie das so laut wie möglich.
- Überraschen Sie Ihren Gegner mit unerwarteten Informationen, aber stellen Sie dabei immer sicher, dass diese korrekt und auf dem neuesten Stand sind.

- Achten Sie auf die kraftvollen und dominanten Menschen, die sich den Weg zum Sieg nur durch die Kraft ihrer Persönlichkeit freiwalzen. Wenn Sie nicht ebenso durchsetzungsfähig und dominant sind, können Sie sie nicht schlagen. Streiten Sie nicht über Ihre Verhältnisse.
- Versuchen Sie nicht einen Raufbold einzuschüchtern. Bleiben Sie ruhig, wenn der andere aggressiv wird.
- Wenn Sie schlagfertig und intelligent sind und den Kern eines Streites erkennen, kann es Ihnen gelingen einen schnellen und unzweifelhaften Sieg zu verbuchen.
- Halten Sie Ausschau nach logischen Fehlern in der Argumentation Ihres Gegners; vermeiden Sie eigene.
- Manchmal ist es klug sich gar nicht erst in einen Streit verwickeln zu lassen. Wenn Sie nicht davon profitieren können zu streiten, bereiten Sie Ihrem Möchtegerngegner auch nicht die Befriedigung ihn ernst zu nehmen.
- Wenn Sie verhandeln wollen, versuchen Sie, die Debatte in ihre Einzelteile zu zerlegen, um zu klären, ob es Bereiche gibt, in denen Sie und Ihr Gegner einer Meinung sind.
- Versuchen Sie Ihren Gegner zu überlisten, indem Sie ihn als Menschen ansprechen und seine Sympathie gewinnen. Aber seien Sie vorsichtig; lassen Sie sich nicht durchschauen.
- Denken Sie darüber nach, einen Dritten als Sündenbock einzuführen, um Ihren Gegner auf Ihre Seite zu ziehen.
- Setzen Sie Ablenkungsmanöver ein, um Ihren Gegner aus Bereichen fern zu halten, über die Sie lieber nicht reden wollen. Das wird Ihnen nicht unbedingt helfen einen Streit zu gewinnen, aber Ihre Chancen steigen zumindest nicht zu verlieren.
- Lernen Sie wie Sie einen offenen Streit vermeiden können, indem Sie Ihren Gegner geschickt dazu bringen Ihre Ideen als seine eigenen anzusehen.
- Versuchen Sie den Streit auch aus der Perspektive Ihres Gegners zu betrachten, aber vergessen Sie nie, wo Ihre eigenen Vorteile liegen.

Wichtige Rahmenbedingungen

Bislang haben wir Taktiken und Strategie im Streit untersucht. Erfolgreich zu streiten bedeutet jedoch mehr als eine Reihe von Tricks Gewinn bringend einzusetzen. Es gibt auch einige umfassendere Bereiche, die wir berücksichtigen müssen. Ein Streit ist oft ein ausgesprochen komplexer sozialer Austausch und alle möglichen Faktoren können das Ergebnis beeinflussen. Wir müssen uns bewusst sein, wann und wo ein Streit stattfindet, wie die Beteiligten gelaunt sind und wie sie sich benehmen. Sie müssen außerdem die nonverbalen Zeichen lesen, mit denen sie versuchen einander zu beeinflussen. In diesem Abschnitt geht es darum, diese Themen zu betrachten und das Ziel bleibt natürlich Ihre Streitfähigkeit weiter zu verbessern.

Abwägung

Sie sollten sich angewöhnen bei jedem Streit die Vor- und Nachteile aufzulisten, die Sie und Ihr Gegner eventuell für sich verbuchen können. In den meisten Fällen dürfte das einfach sein: Wenn Sie beispielsweise eine Gehaltserhöhung wollen, Ihr Chef Ihnen aber keine gewähren muss, dann liegt der Vorteil beim Boss. Aber diese Balance kann sich verändern und es ist wichtig Veränderungen im Blick zu behalten und zu bemerken, wann man gerade im Vorteil ist. Der Chef, der es letzten Monat noch abgelehnt hat Ihr Gehalt zu erhöhen, könnte es sich anders überlegen, wenn er erfährt, dass ein wichtiges Projekt, das gerade in eine entscheidende Phase eingetreten ist, unter Ihrer Aufsicht steht. Wenn Sie jetzt kündigen würden, wäre es nicht einfach für ihn schnell Ersatz zu finden. Also ist jetzt ein guter Augenblick noch einmal nach einer Gehaltserhöhung zu fragen!

Sie müssen natürlich auch auf die Veränderungen achten, die Ihre Position verschlechtern. Diese können nahezu geräuschlos und fast unbemerkt eintreten, aber trotzdem Auswirkungen auf Sie haben.

Ich erinnere mich noch sehr deutlich, wie ich ein Mammut-Projekt beendete, für das ich vier Jahre gebraucht hatte, und ich war mit mir außerordentlich zufrieden. Wir hatten Zeitplan und Budget eingehalten und die Absatzzahlen sahen gut aus. Aber nach einer kurzen Zeit der Euphorie dämmerte mir die Wahrheit. Jetzt, wo ich mit dem Projekt fertig geworden war, hatte ich überhaupt keine Verhandlungsmacht mehr! Mein Assistent wurde einer anderen Gruppe zugeteilt (wozu braucht auch jemand ohne Projekt einen Assistenten?) und ich konnte in meinem Zimmer Kreise laufen, bis mir jemand wieder Arbeit gab. Der Chef genoss es natürlich im Stillen mir meine nunmehr deutlich schlechtere Position unter die Nase zu reiben.

Das Gleichgewicht der Vor- und Nachteile kann aber auch extrem kompliziert ausfallen. In einer Familie beispielsweise gibt es sowohl praktische als auch emotionale Überlegungen und es kann sehr schwierig sein zu klären, wer die beste Position einnimmt. Die meiste Zeit ist das egal, aber wenn der häusliche Friede gestört ist, kämpfen alle Beteiligten mit allen Mitteln. Die verschiedenen Familienmitglieder bevorzugen dabei möglicherweise die unterschiedlichsten Ansätze. Ein Ehepartner verdient vielleicht deutlich mehr als der andere und insofern ist er finanziell dominant. Der Elternteil, der sich vor allem um die Hausarbeit kümmert, hat vielleicht die Autorität über den täglichen Haushaltsablauf und somit auch den Tagesablauf der Familienangehörigen. Ein Elternteil oder ältere Geschwister sind vielleicht physisch stärker, weil sie groß und kräftig sind, selbst wenn diese Kraft niemals ausgeübt wird. Jüngere Geschwister können vielleicht Vorteile für sich verbuchen, weil sie „das Baby" sind und daraus – bewusst oder unbewusst – Vorteile bei emotionalen Manipulationen ziehen.

Normalerweise ist Mitgliedern einer Familie klar, dass jeder vom anderen abhängig ist, aber wenn erst mal eine Schieflage eintritt, versucht jeder sein bisschen Macht als Hebel einzusetzen und einen Vorteil für sich herauszuschinden. Ihre Aufgabe – als potenzieller Sieger eines Streites – besteht darin, Ihre eigene Position (sowie die Ihrer Kollegen, geschäftlichen Gegner oder Familienmitglieder) so akkurat wie möglich einzuschätzen. Dann müssen Sie entscheiden, was Sie wollen und ob Ihre eigene Position kraftvoll genug ist sich durchsetzen zu können.

Wenn Sie dafür kein instinktives Gefühl haben, sollten Sie etwas ausprobieren, was im Management-Jargon *SWOT*-Analyse heißt. Die Abkürzung steht für *Strengths, Weaknesses, Opportunities, Threats* (zu Deutsch: Stärken, Schwächen, Möglichkeiten und Gefahren). Wenn Sie alle diese Punkte für eine spezielle Situation auflisten, sollte Ihnen Ihr eigener Standpunkt am Ende einigermaßen klar sein.

Nachdem Sie entschieden haben, wie Sie die Bilanz der Vorteile einschätzen, müssen Sie testen, ob Ihrem Gegner das ebenfalls klar ist. Das ist nicht ganz einfach. Statt sich kopfüber in einen Streit zu stürzen, sollten Sie möglichst versuchen das Thema vorsichtig zu umkreisen und herauszufinden, wie Ihr Gegner höchstwahrscheinlich reagieren wird. Den Leuten ist es nicht immer klar, wenn sie in einer vorteilhaften Situation sind. Und es gibt auch Menschen, deren Instinkt sie zwingt brutal anzugreifen, selbst wenn sie in einer schwachen Position sind. Kehren wir noch einen Augenblick zu dem Beispiel zurück, in dem Sie Ihren Chef um eine Gehaltserhöhung bitten. Dann kann es Ihnen auch passieren, dass Ihre Position zwar gut ist und sein Geschäft leiden wird, wenn er Sie verliert, er aber trotzdem aggressiv ablehnt, weil er das Gefühl hat, es würde seine Autorität als Chef untergraben, wenn er nachgibt. Ich muss wirklich noch einmal wiederholen: Erwarten Sie niemals, dass Menschen rational handeln. Menschen besitzen die Fähigkeit Vernunft zu gebrauchen, aber sie machen nur selten von dieser Fähigkeit Gebrauch.

Umgebung und Verfassung

Timothy Leary, in den 60er-Jahren der Hohepriester in der psychedelischen Bewegung, hat immer wieder betont, dass die Wirkung von LSD enorm durch die Umstände beeinflusst wird, unter denen man es nimmt, und durch den Geisteszustand desjenigen, der es nimmt. Er hat diese Variablen als „Umgebungssetting" und „Verfassungsset" bezeichnet. Im Kontext eines Streits sind diese beiden eng miteinander verwandt. Wenn Sie in einen Streit geraten, begeben Sie sich gleichzeitig auf ein Gebiet, in dem alles geschehen kann. Sie können positiv überrascht werden, wenn Sie einem Geistesverwandten begegnen, mit dem Sie fröhlich Ideen austauschen können, oder Sie können auf Aggression stoßen, die von scharfen Worten bis hin zu Schlägen alles einschließen kann. Oft ist die Reaktion nicht vorhersagbar. Streitende Menschen sind meist im Griff primitiver Kräfte, die sie nicht einmal ansatzweise verstehen.

Es gibt mehrere Methoden, mithilfe derer man die äußeren und inneren Bedingungen (Umgebung und Verfassung) kontrollieren kann. Die Stimmung der Teilnehmer an einem Streit wird entscheidende Auswirkungen auf das Ergebnis haben und Sie sollten wann immer möglich dafür sorgen, diese Stimmung so zu verändern, dass sie vorteilhaft für Sie ist. Ich möchte dafür ein Beispiel geben.

> Joe Preston kommt jeden Morgen verspätet zur Arbeit. In jeder anderen Hinsicht ist er jedoch ein vorbildlicher Angestellter, er ist klug, er arbeitet hart und hat jede Menge guter Ideen. Aber wenn er sich aus dem Bett erhebt, sind alle anderen bereits gerüstet zum zweiten Frühstück.
> *Szenario 1:* Harry, Joes Abteilungsleiter, erwartet ihn eines Morgens am Eingang. Als Joe kommt, sagt Harry laut: „Preston, Sie sind schon wieder zu spät dran, kommen Sie bitte mit in mein Büro!" Dort kanzelt er Joe so lautstark und ausführlich ab, dass man es auch in allen anderen Büros hören kann.
> *Szenario 2:* Harry wartet, bis Joe in seinem Büro angekommen ist, den Mantel ausgezogen und seine Post durchgesehen hat. Dann ruft er ihn an und bittet: „Joe, könnten Sie mal bitte für einen Augenblick in mein Büro kommen?" Joe kommt und Harry bespricht mit ihm ein paar Minuten lang Routineangelegenheiten. Er achtet darauf, dass die Atmosphäre freundlich bleibt und erzählt sogar einen Witz. Als er das Gefühl hat, dass der richtige Augenblick gekommen ist, sagt er: „Joe, wir sind sehr zufrieden mit Ihrer Arbeit für uns, aber wir haben ein kleines Problem mit Ihrer Pünktlichkeit. Wie können wir da zueinander finden?"

Man wird zugeben müssen, dass möglicherweise beide Szenarios bewirken, dass Joe pünktlicher kommt; aber das zweite, in dem er gewarnt wird ohne sein Gesicht zu verlieren, wird höchstwahrscheinlich die langfristig günstigeren Auswirkungen haben. Szenario 1 kann zu einem hitzigen und erbitterten Streit führen. Joe ist in die Enge getrieben worden und kann entweder kämpfen oder wird zu demütigem Gehorsam gezwungen. In Szenario 2 hat man ihm nicht nur gesagt, dass er gute Arbeit leistet, er hat außerdem die Chance bekommen selbst eine Lösung für das Problem vorzuschlagen.

Doch damit nicht genug der Möglichkeiten. Ein gnadenloser Manager – oder jemand, der am Ende seiner Geduld angelangt ist, weil seine Warnungen immer wieder ignoriert wurden – kann mit Szenario 2 beginnen und dann, wenn sein Opfer wirklich entspannt ist, einen *Sandsack* herausholen. In einer Firma, für die ich gearbeitet habe, wurden beispielsweise zwei Mitarbeiter aufgefordert das Verhalten eines Übeltäters zu protokollieren und nachdem genug Daten vorlagen, wurde er in das Büro seines Chefs gebeten. Es entspann sich ein freundliches Geplänkel, an dessen Ende der unglückselige Mann jedoch mit den Aufzeichnungen konfrontiert, groben Fehlverhaltens bezichtigt und auf der Stelle entlassen wurde. Ich persönlich empfinde das als eine wenig respektable Taktik, aber sie zeigt, wie die Kontrolle der Stimmung einen Streit beeinflussen kann.

Humor ist eine der stärksten Waffen, wenn Sie versuchen jemandes Laune zu verbessern. Sie müssen nicht einmal bühnenreifer Komödiant sein, um ein paar lustige Bemerkungen zu machen, die einen freundlichen Ton etablieren. Außerdem können Sie auf diese Art und Weise deutlich machen, dass es nicht um Leben und Tod geht, ohne in irgendeiner Weise anbiedernd zu wirken. Humor kann Streitenden helfen ein Gefühl für die Relationen zu wahren. Wenn Sie zu den Leuten gehören, denen es nicht leicht fällt lustig zu sein, können Sie immer noch etwas wiederholen, was Sie bei anderen gehört haben. Aber seien Sie vorsichtig! Ein schlecht erzählter Witz ist schlimmer als gar keiner. Jeder, der schon einmal einen schlechten Witzeerzähler erdulden musste, weiß, was ich meine. Beim Streiten einen Witz zu reißen, zeigt Ihrem Gegner: „Sehen Sie, wir sind uns bei dieser Sache vielleicht nicht einig, aber ich mag Sie trotzdem und wenn diese Sache erst einmal geklärt ist, wird unsere Beziehung wieder wie vorher sein."

Es gibt noch viele andere Dinge, die Sie tun können – positiv wie negativ –, um die Stimmung zu beeinflussen. Statt in Ihrem Büro zu streiten, können Sie sich zum Beispiel nach der Arbeit zu einem Bier treffen und die Sache in der entspannten Atmosphäre einer nahe gelegenen Kneipe klären. Natürlich funktioniert das auch umgekehrt. Wenn Sie das Gefühl haben, es ist notwendig, können Sie jemanden zu einem Zeitpunkt in die Enge treiben, an dem er nicht gerade frisch ist, beispielsweise am Ende eines Arbeitstages, wenn er sich bloß noch darauf freut, heimzugehen. Sie können die Spannung dadurch erhöhen, dass Sie ihn stehen lassen, während Sie bequem sitzen. Sie können auch andere Leute zu dem Treffen bitten, die Sie unterstützen, sodass er sich bedroht und allein fühlt. Endlose Abwandlungen sind möglich.

Alle bisherigen Vorschläge gehen davon aus, dass *Sie* die Stimmung bestimmen. Aber was, wenn Ihr Gegner das tut? Es gibt auch Möglichkeiten eine negative Stimmung, die er erzeugt hat, zu verändern. Sie können es mit Humor versuchen, obwohl das möglicherweise nichts bringt, wenn er es wirklich auf einen Streit anlegt. Sie können sich weigern ihn ernst zu nehmen, seine Bemerkungen beiseite wischen, obwohl das eine riskante Sache ist, wenn es sich um Ihren Chef oder eine andere wichtige Person handelt. Sie können versuchen die Besprechung zu unterbrechen und die Stimmung, die der andere erzeugt hat, zu verändern (Sie können zum Beispiel einen Kollegen bitten, Sie aufgrund eines dringenden Telefonanrufes mitten aus dem Streit zu holen).

Es gibt noch einen anderen Aspekt der Stimmungsfrage: Ihre Fähigkeit die Stimmung Ihres Gegners einzuschätzen. Jedem von uns ist klar, dass unsere Stimmung sich von Tag zu Tag ändert oder sogar von Minute zu Minute. Manche Leute sind so wankelmütig, dass es schwer ist ihren Stimmungsumschwüngen zu folgen. Eine kleine Meinungsverschiedenheit unter Freunden oder Kollegen kann an einem normalen Tag beinahe unbemerkt bleiben, wenn sie uns aber im falschen Augenblick widerfährt, kann ein riesiger Streit daraus erwachsen. Deshalb sollten Sie, wenn sich eine Meinungsverschiedenheit andeutet, stets darauf achten, wie Ihr Gegner gelaunt ist. Oft ist das ganz einfach. Die meisten von uns teilen ihre Stimmung mithilfe von Gesichtsausdruck und Körpersprache jedem Beobachter mit. Sie müssen nur genau genug hinschauen und sehen, was Ihr Gegenüber Ihnen verrät. Verkrampfte Kiefermuskeln, geballte Fäuste und ein düster-drohender Blick könnten darauf hinweisen, dass der leichtfüßige Ansatz nicht besonders erfolgreich sein wird. Manchen Leuten jedoch gelingt es gezielt ihre Stimmung zu verbergen. Sie können jovial auftreten, wenn sie wütend sind; sie können freundlich wirken, wenn sie es auf Sie abgesehen haben. Es gibt sogar solche, die sogar dann bedrohlich wirken, wenn überhaupt nichts los ist. Ihre Stimmung kann man nicht vernünftig einordnen. Die einzige Hilfe ist viel Erfahrung. Wenn Sie auf jemanden ein- oder zweimal hereingefallen sind, wissen Sie, was Sie von seinem Lächeln zu halten haben. Und wenn Sie sich die Mühe machen Menschen genau zu beobachten, wird Ihnen irgendwann auffallen, dass vorgetäuschte Stimmungen nicht ganz echt herüberkommen. Es ist schwierig sich gut gelaunt zu geben, wenn man es einfach nicht ist. Vielleicht schaffen Sie es zu lächeln und jovial zu wirken, aber Ihrer Vorstellung haftet stets etwas Hölzernes an, das einem sorgfältigen Beobachter verrät, dass er Ihnen lieber nicht trauen sollte.

Auch die „Temperatur" einer Debatte ist wichtig. In den meisten Fällen wird die emotionale Temperatur unvorhersehbar ansteigen oder sinken. Aber nehmen wir einmal an, jemand versucht gezielt die Erhitzung der Gemüter zu kontrollieren. Das wäre ein großer Vorteil für ihn. Was wir brauchen ist ein Thermostat.

Thermostat

Die meisten Leute werden Ihnen raten stets so ruhig und kühl wie möglich zu bleiben. Ein kühler, klarer Kopf ist bei weitem die beste Möglichkeit einen Streit zu gewinnen. Das ist ein hervorragender Ratschlag, aber wie viele gute Ratschläge ist es schwer sich in der Wirklichkeit daran zu halten. Ein hervorstechendes Merkmal von Streitigkeiten besteht eben darin, dass Menschen ihre Emotionen nicht mehr unter Kontrolle haben. Aber dagegen können Sie etwas unternehmen. Die wirksamste Möglichkeit die Kontrolle wiederzugewinnen, besteht darin, *Clown* zu spielen. Es ist viel leichter die Ruhe zu bewahren, wenn Sie den anderen lächerlich finden. Wenn Sie Ihren Gegner fürchten, wird diese Furcht Ihnen entweder die Sprache verschlagen oder sich, wenn Sie intensiv genug bedrängt werden, in Wut verwandeln. Jemand, den Sie verachten, entweder insgeheim oder sogar offen, wird es jedoch nicht leicht haben Sie in die Enge zu treiben.

Das ist ein guter Rat, aber es fehlt noch etwas. Erstens ist es zwar tatsächlich vernünftig ruhig zu bleiben, aber das heißt nicht unbedingt, dass Sie immer ruhig wirken sollten. Wenn Sie alt genug sind sich noch an die traditionellen Formen der Erziehung zu erinnern, kennen Sie sicherlich Lehrer, die eine ganze Klasse durch ihre unglaubliche Wut zum Gehorsam zwingen konnten. In den meisten Fällen war diese Wut synthetisch und konnte nach Bedarf eingesetzt werden. „Die Nerven zu verlieren" kann sehr wirkungsvoll sein, solange Sie dabei niemals wirklich die Nerven verlieren. Wenn Sie ein Beispiel brauchen, beobachten Sie bloß einmal Politiker, die sich im Brustton der Überzeugung über einen beliebigen Skandal empören. Jeder, der tatsächlich glaubt, sie wären wirklich wütend, ist grenzenlos naiv.

Zweitens sollten Sie sehr sorgfältig klären, ob Sie einen Vorteil davon haben, Ihren Gegner aus der Fassung zu bringen. Wenn Sie denjenigen, mit dem Sie zu tun haben, gut einschätzen können, kann eine sorgfältig geplante Provokation genau die richtige Maßnahme sein, um ihn aus dem Konzept zu bringen. Aber achten Sie darauf, dass die Sache nicht außer Kontrolle gerät und Ihnen ein blaues Auge einträgt. Streit ist, wie wir mittlerweile wissen, eine außerordentlich emotionale Angelegenheit. Trotz aller guten Vorsätze, die Sie im Vorfeld vielleicht gefasst haben, besteht die Möglichkeit, dass Sie die Nerven verlieren. Falls das geschieht, sollten Sie dennoch an dem einen oder anderen Grundsatz zur Schadensbegrenzung festhalten. Erstens sollten Sie niemals blindwütig um sich schlagen. Ein Streit, das haben wir schon zu einem früheren Zeitpunkt festgehalten, soll als Sicherheitsventil fungieren, um physische Gewalt zu verhindern, nicht als Vorspiel dazu. Sie sollten auch verbal nicht auf die Ebene von Beleidigungen abgleiten. Solange Sie auf der hohen Adrenalinwelle surfen, befriedigt es Sie vielleicht Ihrem Gegner unflätige Flüche entgegenzuschreien, aber Ihr Kontrollverlust wird Sie in den Augen jedes Zuschauers lächerlich und vulgär wirken lassen. Schlimmer noch, der Wert Ihrer Argumente wird dramatisch darunter leiden. Und schließlich sollten Sie niemals Drohungen aussprechen, die Sie nicht durchführen können oder wollen. Sie machen sich damit höchstens zur Witzfigur.

Zeitnehmer

Als enger Verwandter des *Thermostats* beschäftigt sich der *Zeitnehmer* mit dem richtigen Timing eines Streits. Es handelt sich dabei eher um eine Vorbereitung als um eine eigene Technik. Sie können sowohl bei einem Angriff als auch in der Verteidigung *Zeitnehmer* spielen. Wenn Sie angreifen, werden Sie den Streit zeitlich so legen, wie es Ihnen am besten in den Plan passt. Das geht auf verschiedene Weise. Wahrscheinlich hat jeder von uns schon einmal abzuwarten versucht, bis jemand anders gut gelaunt war, bevor wir ihn von unserer Ansicht zu überzeugen versuchten. Das ist die eine Version des *Zeitnehmers*.

Eine andere Variante hat ein Freund von mir mit verblüffend großem Erfolg eingesetzt:

Wenn Steves Sekretärin ihm sagte, dass ein wütender Kunde am Telefon war, erfand er stets irgendeine Ausrede den Anruf in diesem Moment nicht annehmen zu können. Er wartete ab und rief seinen Gegner am Abend, an einem Sonntagmorgen oder zu einer anderen ungewöhnlichen und unpassenden Zeit zu Hause an. Manchmal fuhr er sogar bei ihm vorbei und trug den Kampf im Haus des Gegners aus. Der Überraschungseffekt war normalerweise so groß, dass er damit durchkam. Wenn der überraschte Gegner den Einwand erhob, dass es jetzt kein guter Augenblick sei geschäftliche Gespräche zu führen, antwortete Steve ihnen unschuldig, er habe sich so sehr bemüht dieses unerwartete Problem zu lösen, dass er keine Zeit hätte verlieren wollen.

Sorgen Sie also stets dafür, dass Streitigkeiten zum Zeitpunkt Ihrer Wahl ausgetragen und Ihnen nicht von anderen aufgedrängt werden. Diese Betrachtungsweise sollten Sie auf alle anderen Umstände ausdehnen, insbesondere den Ort. Die meisten Leute gehen davon aus, dass man immer versuchen soll den Gegner zu sich kommen zu lassen, damit er auf fremdem Terrain kämpfen muss. Das kann sich für Sie oft positiv auswirken; aber bedenken Sie auch den Vorteil, der darin besteht, in den Raum, in dem der Gegner sich sicher wähnte, einzubrechen. Steves Trick, die Leute zu Hause zu besuchen, mag extrem gewesen sein, aber er war auch ausgesprochen wirksam.

Ich habe einmal mit einer Buch-Auslieferungs-Firma zu tun gehabt, deren Inkompetenz sprichwörtlich war. Unglücklicherweise (für mich) habe ich erst zu spät herausgefunden, wie schlecht sie wirklich war. Aber in einem Bereich war die Firma herausragend: Wurde sie kritisiert (und damit hatte das Unternehmen ausreichend Erfahrung), lud die Firma ihre Kunden zu einer Besprechung ein, um das Problem zu lösen. Wenn der Kunde kam, legte man ihm eine Tagesordnung vor. Das war das Geniale daran: Die übersichtliche Tagesordnung sah oberflächlich wie ein hilfreicher und effizienter Weg aus das Problem anzugehen. In Wahrheit war es jedoch bloß ein Trick, um den Streit unter Kontrolle zu bekommen, bevor er überhaupt losgegangen war.

Deshalb noch einmal: Sorgen Sie immer dafür, dass Sie alle den Streit beeinflussenden Umstände unter Kontrolle haben.

Psychologie

Wir haben einige Tricks betrachtet, die beim Streiten eingesetzt werden und gesehen, wie sie Ihnen beim Gewinnen helfen können. Aber beim Streiten kommt es auf mehr als nur die richtige Taktik an. Es ist auch wichtig korrektes Auftreten an den Tag zu legen und sich dem Gegner vernünftig zu nähern. Was „korrekt" oder „vernünftig" ist, wird von Fall zu Fall variieren, aber es gibt ein paar Grundlagen, die Ihnen klar sein müssen.

Zuallererst sollten Sie von Ihrer Sache überzeugt sein. Wir haben schon darüber gesprochen, aber es lohnt sich es erneut zu betonen. Wenn *Sie* nicht daran glauben, dass Sie Recht haben, können Sie auch nicht erwarten, dass Sie andere überzeugen. Natürlich gibt es Leute, deren Beruf es ist zu streiten und die vielleicht jemanden überzeugen können, dass der Mond aus grünem Käse ist, obwohl sie nicht selbst dieser Meinung sind. Aber ich gehe davon aus, dass Sie, wenn Sie einer von denen sind, dieses Buch ohnehin nicht nötig haben.

Es gibt auch Leute, die mit so viel Selbstvertrauen auf die Welt gekommen zu sein scheinen, dass sie sich gar nicht vorstellen können, jemals Unrecht zu haben. Das macht sie zwar zu kraftvollen Streitern, kann sich am Ende aber zu ihrem Nachteil auswirken. Wenn Sie nicht auch mal unwillkommene Ratschläge annehmen und vielleicht dann und wann sogar zugeben können eventuell doch Unrecht gehabt zu haben, besteht das Risiko dogmatisch und stur zu werden. Die Karriere der englischen Premierministerin Margaret Thatchers möge denjenigen als Warnung dienen, die glauben, nie einen Irrtum begehen zu können.

Gehen wir einmal davon aus, dass Sie fest überzeugt sind tatsächlich im Recht zu sein – wie gehen Sie dann dabei vor andere zu überzeugen? Zuversichtlich zu bleiben ist nicht immer einfach, vor allem, wenn Sie unter Druck stehen. Aber selbst wenn Sie nicht zuversichtlich sein können, können Sie dafür sorgen so zu wirken. Wie benehmen sich zuversichtliche Menschen? Welche Signale zeigen, dass Sie mit sich im Reinen sind?

Sie können Körpersprache benutzen, um sich mit einer Aura der Zuversicht zu umgeben. Erst einmal sollte Ihnen klar sein, dass Menschen, für die alles in Ordnung ist, sich langsamer und entspannter bewegen als nervöse Leute. Sie können sich zwingen das zu imitieren, selbst wenn Ihnen nicht so zu Mute ist. Wenn Sie wissen, dass Sie einer angespannten Situation ge-

genüberstehen werden, in der Ihr Gegner Sie in die Enge treiben will, dann bereiten Sie sich darauf vor, indem Sie konzentriert tief und langsam atmen. Wenn es möglich ist, nehmen Sie sich ein paar Minuten, um still dazusitzen und sich zu beruhigen. Eine einfache Entspannungstechnik wird Ihnen ebenfalls helfen: Gehen Sie Ihren gesamten Körper durch, spannen Sie Ihre Muskeln an, entspannen Sie sie. Ihnen wird auffallen, dass sich da und dort Spannungen gebildet haben und dass Sie sie am besten abbauen, indem Sie die Muskeln gezielt stark anspannen und dann locker lassen. Sie werden fünf bis zehn Minuten für diese Übung brauchen, also hilft sie Ihnen nur, wenn Sie die Zeit und Abgeschiedenheit dafür haben. Eine Toilette ist perfekt geeignet. Sie sehen dabei natürlich lächerlich aus, aber das ist egal – es kann Sie ja niemand sehen. Und wo wir schon über Toiletten reden, es ist kein Geheimnis, dass Nervosität auch Darm und Blase belastet, also achten Sie darauf, dass Sie nach Ihrer Entspannungsübung die Toilette, auf der Sie sitzen, auch tatsächlich benutzen.

Was können Sie noch tun? In erster Linie müssen Sie dafür sorgen, nicht nervös auszusehen. Sitzen Sie niemals mit eingezogenen Schultern und vorgebeugtem Oberkörper in demütiger Position auf der Stuhlkante. Lehnen Sie sich zurück und gucken Sie zufrieden. Kreuzen Sie Ihre Beine (ein klares Anzeichen dafür, entspannt zu sein), nicht aber Ihre Arme (was für eine Verteidigungshaltung stünde). Nur Sie selbst können entscheiden, wie entspannt Sie aussehen wollen oder auszusehen wagen. Männer können beispielsweise einen Fuß auf den Oberschenkel des anderen Beins legen und sich zurücklehnen. Das ist eine klare „Ich bin hier zu Hause"-Geste. Sie könnten auch Ihre Füße auf den Schreibtisch vor sich legen und den Stuhl so weit zurückkippen, dass er beinahe hinten überfällt; das wäre dann eine Geste, die eher Arroganz als Zuversicht vermittelt.

Die nächste Stufe besteht darin, nicht nervös zu sprechen. Nervosität lässt einen plappern. Selbst wenn Sie gar nicht unter Druck stehen, sondern bloß in einer ungewöhnlichen Lage sind, werden Sie automatisch schneller sprechen. Wenn Sie angegriffen werden kann es gut passieren, dass Sie anfangen zu stammeln und über Ihre eigene Zunge stolpern. Das ist nicht gut. Es verrät Ihrem Gegner, dass Sie auf dem Rückzug sind und es macht es ihm einfacher Sie abzulenken und zu verwerfen. Sich dies abzugewöhnen ist schwierig und bedarf der Übung. Hören Sie sich selbst zu und sprechen Sie gezielt langsam. Legen Sie Pausen ein, um vorauszudenken und zu planen, wie Sie fortfahren wollen. Manche Menschen kultivieren kleine Ticks, die den Fluss des Gespräches unterbrechen und ihnen eine kurze Denkpause verschaffen; beispielsweise nehmen sie ihre Brille ab und spielen damit. Als Harold Wilson Premierminister war, bestand seine Geheimwaffe in einer Pfeife. Er konnte einen aggressiven Frager mühelos entwaffnen, indem er seine Pfeife anzündete oder nachdenklich daran zog, bevor er antwortete. Er schaffte es so absolut ruhig zu wirken und die Lage scheinbar völlig unter Kontrolle zu haben (aber, nur um Ihnen zu zeigen, wie schwierig so etwas sein kann; selbst ein Altmeister wie Wilson ist angesichts feindseliger Fragestellungen manchmal explodiert).

Blickkontakt ist ebenfalls wichtig, um zuversichtlich zu wirken. Sie können zu viel oder zu wenig Blickkontakt aufbauen. Wenn der Blickkontakt zu gering ausfällt, wirken Sie im besten Fall abgelenkt und im schlimmsten sogar zwielichtig. Wie bei vielen Tierarten wird auch beim Menschen zu viel Blickkontakt als Aggression betrachtet und soll den Gegner einschüchtern. Deshalb benötigen Sie für normale Zwecke einen klaren, freundlichen Blick, den Sie ab und zu senken oder zur Seite wenden können, um den Rhythmus des Gespräches zu verändern. Sie versuchen, zumindest am Anfang, den Eindruck freundlichen Interesses zu vermitteln. Je nachdem, wie gut Sie als Schauspieler sind, können Sie natürlich versuchen Spiele zu spielen. Jemandem genau auf die Mitte der Stirn zu starren, kann denjenigen beispielsweise mächtig durcheinander bringen. Die Tatsache, dass es zwar beinahe, aber doch auch wieder nicht richtiger Blickkontakt ist, kann jemand mächtig verwirren, der versucht Ihre volle Aufmerksamkeit zu erringen. Und wenn Sie einen Streit vom Zaun brechen wollen, ohne etwas Aggressives zu sagen, können Sie Ihren Gegner mit einem stechenden Blick fixieren (Sie müssen dabei den Rest Ihres Gesichtes erstarren lassen). Das wird den Eindruck kalter, langsam hoch kochender Wut hervorrufen.

Wie Sie im Verhältnis zu anderen Leuten sitzen oder stehen, ist auch ein wichtiger Faktor beim Streiten. Jeder von uns hat um sich herum einen Raum, den wir als persönliche Sphäre betrachten. Wie groß dieser Raum ist, ist von Mensch zu Mensch und Kultur zu Kultur verschieden. Amerikaner, die an größere Räume als die Briten gewöhnt sind, verfügen auch über eine größere persönliche Sphäre, während sich Japaner mit weniger Platz zufrieden geben. Die Menschen schützen diesen Bereich und erlauben es Fremden nur unter besonderen Umständen darin einzudringen. Normalerweise sind nur Partner, Kinder und sehr enge Freunde in diesem Bereich willkommen. Fremde dürfen nur unter besonderen Umständen eindringen (zum Beispiel in einem überfüllten Bus) – und auch dann nur ungern. Wenn Fremde gezwungen sind persönliche Zonen miteinander zu teilen, werden sie einander interessanterweise fast immer ignorieren und um jeden Preis Blickkontakt vermeiden. Ohne Erlaubnis in eine fremde persönliche Sphäre einzudringen, wird als feindseliger Akt verstanden. Natürlich ist die Erlaubnis normalerweise unausgesprochen und wird nur durch die Körpersprache übermittelt.

Bei einem Streit kommt es oft vor, dass einer der Teilnehmer den anderen unter Druck zu setzen versucht, indem er in seinen persönlichen Bereich eindringt. Wenn jemand beispielsweise seinem Gegner Bescheid stoßen will, nähert er sein Gesicht dem anderen, um den beleidigenden Worten physischen Nachdruck zu verleihen. Daher auch der Ausdruck: „Geh mir aus den Augen." Diese aggressive Taktik kann in verschiedenen Stärkegraden eingesetzt werden. Wenn in einem Büro beispielsweise ein Chef um den Schreibtisch seines Untergebenen herumgeht und sich über ihn beugt, um seine Arbeit zu betrachten, kann es sein, das er – bewusst oder nicht – versucht seinen Körper als Druckmittel zu benutzen.

Und wo wir schon über Tische sprechen: Es ist auch wichtig, wie Sie während eines Streites sitzen. Wenn Sie Ihrem Gegner an einem Tisch gegenübersitzen, wird es schwieriger sich zu einigen, als wenn Sie beide gemeinsam am selben Ende des Tisches sitzen. Wenn Sie sich Ihren Platz aussuchen können (und es im jeweiligen Raum möglich ist), dann sollten Sie eine „kooperative" Sitzordnung wählen, falls Sie nicht aus irgendeinem Grunde gezielt eine aggressive Atmosphäre fördern wollen.

Die Gesten, die Sie während eines Streites verwenden, sind ebenfalls wichtig. Geschlossene Gesten, wie beispielsweise vor der Brust verschränkte Arme oder eng überkreuzte Beine, machen den Unwillen deutlich Ihrem Gegner zuzuhören. Offene Gesten, ausgestreckte Beine und sichtbare Hände (vor allem, wenn die Handflächen nach oben zeigen) verleihen Ihnen einen freundlicheren und kooperativen Ausdruck. Außerdem neigen Menschen, die einander sympathisch sind, ganz auffällig dazu, die Gesten des anderen zu spiegeln, wohingegen diejenigen, die ernsthafte Meinungsverschiedenheiten austragen, kontrastierende Gesten verwenden.

Es gibt eine Reihe von Gesten, die Sie vermeiden sollten, wenn Sie auf eine Einigung aus sind. Mit dem Zeigefinger zu stechen und zu mahnen, ist natürlich ein eindeutiges Zeichen von Aggression und sollte nur unter extremen Umständen verwandt werden. Es gibt auch andere Gesten, die zwar nicht offen aggressiv sind, aber auch nicht helfen zu einer Einigung zu kommen. Ein Handkantenschlag, der mitten in der Luft stoppt, mag betonen, was Sie sagen, ebenso wie ein Schlag mit der Faust auf den Tisch. Beide Gesten sind jedoch sehr gefühlsgeladen und sollten nicht gezeigt werden, wenn Sie nicht gerade etwas nachdrücklich betonen wollen. Was wir als „Häuschen" kennen (wenn Sie die Fingerspitzen aneinander legen und eine Art Dach bauen), wirkt selbstgefällig und hochnäsig. Lassen Sie das.

Obwohl die Körpersprache ein faszinierender Bereich ist, ist sie mit Vorsicht zu genießen. Viele Bücher zum Thema behaupten, Sie könnten die wahren Gedanken von jemand erkennen, indem Sie seine Gestik betrachten. Das ist sicherlich unwahr. Jedes Individuum ist anders und Sie müssen große Menschenkenntnis besitzen, bevor Sie daraus wirklich Rückschlüsse auf die Gedanken einer Person ziehen können. In solchen Büchern steht beispielsweise, dass jemand, der lügt, sich oft dadurch verrät, dass er beim Sprechen Mund oder Gesicht berührt. Obwohl das auf manche Lügner zutreffen mag, gilt es für viele andere nicht. Ich bin unangenehm vielen Leuten begegnet, die die unglaublichsten Lügen erzählten, während sie absolut ehrlich wirkten. Der schlimmste Lügner, dem ich in meinem Leben je begegnet bin, war auch deshalb so glaubwürdig, weil fast alles, was er sagte, gelogen war.

Transaktionsanalyse

Die Psychologie des Streites ist ein faszinierendes Thema und würde zweifelsohne für sich allein ein umfangreiches Buch füllen. Da wir uns jedoch auf den praktischen Ansatz des Gewinnens beim Streiten konzentrieren, möchte ich nur zwei psychologische Aspekte erwähnen, die Ihr Verständnis dafür vergrößern werden, was bei einem Streit vor sich geht. Beide Ideen stammen aus der Transaktionsanalyse und wieder einmal verdanke ich einen Großteil meines Wissens dem verstorbenen Eric Berne, dessen Veröffentlichungen auch Laien so viel über diesen Bereich der Psychologie vermittelt haben.

Die Transaktionsanalyse (TA) basiert auf der Vorstellung, dass in jedem von uns drei verschiedene Wesen um Aufmerksamkeit buhlen. Diese Wesen entsprechen den unterschiedlichen Bewusstseinsstufen des Egos einer Person und weil jedes von ihnen „Ich" ist, können wir mühelos von einem zum anderen wechseln, ohne zu bemerken, wann ein anderes Ego die Führung übernimmt. Zuerst wäre da das Kind in uns. Es ist das Kind, das wir einmal waren und wie Freud deutlich gemacht hat, bedeutet das körperliche Erwachsenwerden noch lange nicht, dass das Kind in uns nicht mehr existiert. Genau genommen bleibt dieses Kind ein Leben lang Bestandteil unserer Persönlichkeit und in vielen Fällen ist es sogar ihr wertvollster Teil. Dieses Kind ist, je nach den gegebenen Umständen, der Mensch, der wir im Alter zwischen zwei und fünf Jahren waren. Das Kind ist nicht „kindisch"; das meinen nur vorurteilsbeladene Eltern. Es ist kindlich – spontan, zu Wärme und Liebe bereit, aber auch zu blindem Kampf, um seine Wünsche zu verwirklichen, und es ist nicht in der Lage seine Wut zu kontrollieren, wenn ihm jemand einen Strich durch die Rechnung macht. Es gibt eine Sonderform des Kindes – das angepasste Kind –, indem dieses Kind mit den Anweisungen Erwachsener klarkommt.

Die nächste Bewusstseinsstufe heißt Eltern. Wir lernen von unseren eigenen Eltern, was Eltern sagen und wie sie sich üblicherweise benehmen. Dieses Modell begleitet uns unser ganzes Leben. Wenn wir uns beispielsweise die Hände waschen, nachdem wir auf der Toilette waren, tun wir das nicht, weil wir Hygieneunterricht erhalten haben, sondern weil die Eltern in uns zum soundsovielten Mal gesagt haben: „Wasch dir jetzt die Hände." Die Funktion der inneren Eltern besteht darin, uns stets und ständig an die gesellschaftlichen Regeln und Moralvorstellungen zu erinnern, die unsere wirklichen Eltern, wenn sie da wären, uns an die Hand geben würden. Ältere Leser, die ihre Eltern verloren haben, werden wissen, wie deren Stimmen in unseren Gedanken noch erklingen, wenn die wirklichen Eltern schon lange von uns gegangen sind. Dies ist ein so mächtiger Teil unseres Geistes, dass viele Menschen mit zunehmendem Alter das eher unangenehme Erlebnis zuteil wird, tatsächlich zu den eigenen Eltern zu werden und dieselben Sachen mit derselben Stimme zu sagen, die wir uns vor so vielen Jahren anhören mussten.

Die letzte Bewusstseinsstufe des Egos, mit dem wir uns beschäftigen müssen, ist der Erwachsene. Wenn wir uns in diesem Stadium befinden, bieten und akzeptieren wir Informationen auf einer Sachebene. Der Erwachsene ist nicht erregbar und hat keine Verwendung für die emotionalen Manipulationen der Kinder und Eltern.

Ein Beispiel soll das Auftreten dieser drei Stadien verdeutlichen:

Wenn Sie das Kind fragen, wie das Wetter heute ist, sagt es vielleicht: „Da ist eine große gelbe Sonne am Himmel." Die Eltern sagen: „Es sieht schön aus, aber es ist viel zu kalt, um draußen zu spielen." Der Erwachsene sagt: „Die Temperatur beträgt fünf Grad, das ist normal um diese Jahreszeit, und obwohl es freundlich aussieht, gibt es mit großer Wahrscheinlichkeit nachher starke Schauer."

Was nützt uns das nun bei unseren Betrachtungen über das Streiten? Ganz am Anfang haben wir festgestellt, dass ein Streit ausbricht, wenn zwei Menschen unterschiedliche Wahrnehmungen der Wirklichkeit haben und einer versucht dem anderen sein Bild aufzuzwingen. Dasselbe gilt für die Bewusstseinsstufen des Egos. Wenn ein Erwachsener einem anderen eine Frage stellt wie: „Was möchtest du gerne essen?", könnte die Antwort sein: „Steak mit Pommes" oder so ähnlich. Aber was, wenn der Erwachsene diese Frage dem Kind stellt? Das Kind sagt dann vielleicht: „Nie darf ich essen, was ich will!" Der Erwachsene, der sich nur mit Fakten und nicht mit moralischer Erpressung beschäftigt, wird die Antwort bloß verwirrend finden. Die Eltern jedoch wissen ganz sicher, was sie damit nun wieder anfangen sollen. Die Eltern würden entgegnen: „Nur deshalb, weil du nie isst, was gut für dich ist." Weil jedes unserer Egos gleichermaßen das „wirkliche Ich" ist und wir von außen nicht erahnen können, welche Bewusstseinsstufe bei anderen vorherrscht, kommt es so leicht zu Streitigkeiten und Missverständnissen. Wenn beispielsweise die Eltern mit einem Kind reden und eine Antwort erhalten, die sie als unangemessen betrachten, haben die Probleme bereits begonnen.

Die TA verrät uns viel über persönliche Beziehungen und dieser kurze Abschnitt kann ihr nicht gerecht werden. Es gibt aber auch noch einen Aspekt der TA, den wir erwähnen müssen, und das ist etwas, was Eric Berne als „Marken sammeln" bezeichnet. Diese Marken sind nicht mehr so weit verbreitet wie früher, aber wenn Sie an die kleinen Gutscheine auf Cornflakes-Packungen denken, für die Sie dann ein „Geschenk umsonst" bekommen, liegen Sie nicht falsch.

Berne lehrt, dass Menschen alle das emotionale Äquivalent solcher Wertmarken sammeln und aufsparen, bis sie genug für ein kostenloses Geschenk beisammen haben. Emotionale Wertmarken gibt es – genau wie auf den Verpackungen – in verschiedenen Farben und sie berechtigen uns zu verschiedenen Geschenken. Da gibt es beispielsweise die Wut-Marke. Jedes Mal, wenn wir frustriert sind oder von Familienmitgliedern, Freunden oder Kollegen gedemütigt werden, können wir unserer Sammlung eine Marke hinzufügen. Wenn wir genug davon angesammelt haben, steht uns ein Wutanfall zu. Das heißt, wir haben das Gefühl „zu Recht" unseren Emotionen freien Lauf lassen zu dürfen und jemanden niederzubrüllen. Natürlich kann man jederzeit losschreien, aber wenn man nicht genug Marken beisammen hat, ist die Wut nicht „kostenlos" und wird mit Schuldgefühlen bezahlt.

Der Vergleich mit den Wertmarken ist für uns interessant, weil sie es uns ermöglichen zu erkennen, was für Marken die Menschen um uns herum sammeln und wie viele sie brauchen, bevor sie das Gefühl haben ein Freispiel gut zu haben. Beobachten ist wichtig. Jeder von uns ist schon jemandem begegnet, der beispielsweise nur ein oder zwei Eifersuchts-Marken braucht, bevor der Ärger losgeht. Andererseits gibt es auch viele Fälle, in denen Leute geduldig „Frust-Marken" gesammelt haben, ein ganzes Eheleben lang, bevor sie schließlich in hohen Jahren genug für einen freien Mord hatten. Bevor Sie anfangen zu streiten, ist es gut zu wissen, was Ihr Gegner sammelt, ungefähr wie viele er möglicherweise von einer „Farbe" schon hat und wie lange es wohl noch dauern wird, bis er sie einlöst. Diese Information wird meist nur bruchstückhaft oder gar nicht zugänglich sein, aber wenn Sie sie erhaschen können, haben Sie damit ein gutes Werkzeug die Dynamik jeden Streites zu ergründen.

Zusammenfassung

- Prüfen Sie das Gleichgewicht der Vor- und Nachteile, über die Sie und Ihr Gegner verfügen. Halten Sie Ausschau nach Veränderungen, die sich zu Ihrem Vor- oder Nachteil auswirken.
- Achten Sie auf die Laune Ihres Gegners und versuchen Sie sie auf eine Art und Weise zu beeinflussen, die sich vorteilhaft für Sie auswirkt.
- Bleiben Sie ruhig. Manchmal kann es angemessen sein so zu wirken als würden Sie die Beherrschung verlieren, aber Sie sollten es nie *tun*.
- Wägen Sie ab, ob Sie einen Vorteil davon haben, Ihren Gegner die Nerven verlieren zu lassen. Bringen Sie ihn jedoch nicht dazu, gewalttätig zu werden.

- Schlagen Sie niemals blindlings um sich. Lassen Sie sich nie auch nur zu verbalen Ausfälligkeiten hinreißen. Das wird den Wert Ihrer Argumente zerstören.
- Sprechen Sie niemals Drohungen aus, die Sie nicht umsetzen können oder wollen.
- Wann immer möglich, wählen Sie den Zeitpunkt eines Streits nach Ihren Wünschen. Warten Sie, bis Ihr Gegner gut gelaunt ist oder nutzen Sie den Überraschungseffekt.
- Versuchen Sie dafür zu sorgen, dass ein Streit dann stattfindet, wenn Sie es wollen und dass er Ihnen nicht von anderen aufgezwungen wird.
- Suchen Sie sich für den Streit einen Ort aus, der Ihnen angemessen erscheint. Manchmal kann es zu Ihrem Vorteil sein auf Ihrem Grund und Boden zu kämpfen, aber in anderen Fällen ist es vielleicht besser in die Sphäre Ihres Gegners einzudringen.
- Glauben Sie an die Richtigkeit Ihres Standpunktes; dann besteht eine größere Chance andere zu überzeugen.
- Seien Sie zuversichtlich und wenn Sie nicht zuversichtlich *sein* können, sorgen Sie dafür, dass Sie zuversichtlich *wirken*.
- Nutzen Sie vor einer Situation, die zu einem Streit eskalieren kann, Entspannungs- und Atemtechniken.
- Sprechen Sie nicht zu schnell; bemühen Sie sich langsam zu sprechen. Machen Sie Pausen, die es Ihnen ermöglichen vorauszudenken und sich zu überlegen, was Sie sagen wollen.
- Halten Sie angemessenen Blickkontakt. Gewöhnen Sie sich einen klaren, freundlichen Blick an, den Sie hin und wieder senken oder zur Seite wenden.
- Achten Sie auf Ihre eigene Körpersprache, aber versuchen Sie nicht aus der Haltung Ihres Gegners zu viel herauszulesen. Gewöhnen Sie sich eine offene Haltung an, um einen freundlichen und kooperativen Eindruck zu machen. Vermeiden Sie hingegen aggressive oder selbstgerechte Gesten.